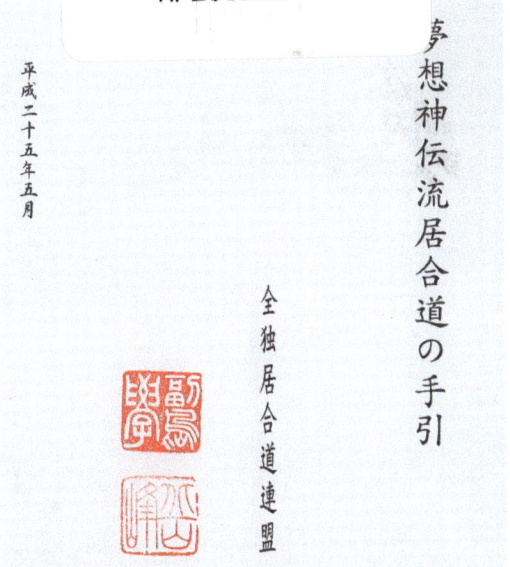

夢想神伝流居合道の手引

全独居合道連盟

平成二十五年五月

Leitfaden zum Musō Shinden Ryū

Deutscher Iaido Bund

Manabu Soejima

Im Mai des Jahres Heisei 25 (2013)

Ins Deutsche übersetzt von

Fumiko Ohama
Sylvia Ordynsky
Jörg Richter
Shizue Schäfer
Nathalie Yamana
Shinji Yamana

Soejima Sensei
aufgenommen bei der
104ten Zen Nihon Kendo Enbu Taikai
Mai 2008

Bibliografische Information der Deutschen Nationalbibliothek:
Die Deutsche Nationalbibliothek verzeichnet diese Publikation in
der Deutschen Nationalbibliografie; detaillierte bibliografische
Daten sind im Internet über
www.dnb.de abrufbar.

© 2016 Deutscher Iaido Bund e.V.

Herstellung und Verlag:
BoD – Books on Demand, Norderstedt

ISBN 978-3-8391-2789-6

Musō Shinden Ryū Iaidō
夢想神伝流居合道

Anfangsstufe Ōmori Ryū
初伝　大森流

Ipponme Shohattō (Mae)
一本目　初発刀（しょはっとう）　前

（要義）向かい合って対座している相手が先に攻撃しようとするので已むを得ず相手のめかみに抜き付け、仰け反るところを更に踏み込んで真っ向から切り下ろす。

Das Wesentliche

Da der Gegner, dem man direkt gegenüber sitzt, einen Angriff beginnt, zieht man und schneidet mit Nukitsuke → *Glossar* durch seine Schläfe.

Während der Gegner zurückschreckt, einen Schritt nach vorne machen und anschließend direkt frontal abwärts führend schneiden (Makkō kara kiriorosu → *Glossar*).

（動作）

Der Bewegungsablauf

★両膝を寄せながら静かに刀に両手をかけて鯉口を切り、腰を浮かせな

★ Während man die Knie zusammenbringt, ruhig beide Hände an das Katana legen und es von der Saya → *Glossar* lockern (Koiguchi wo

1

がら刀を序破急に抜き出し、刀を徐々に横にして左手の鞘引きを充分にきかせて、右足を踏みこむと同時に、相手のこめかみに激しく抜き付ける。

　※居合いの生命は鞘放れの一刀である。

　※序破急＝刀を抜き始める時は静かにゆっくりと、それが徐々に速くなり、切っ先が鯉口を離れるときは勢いよく飛び出すように、右手の手の内の締めと左手の鞘引きを充分利かせて素早く抜く。

★相手が仰け反るところを、左膝を進めて間合いを詰め、同時に刀を上段に振りかぶり右

kiru → *Glossar*).

Während man die Hüfte anhebt, dass Katana ziehen (Jo ha kyū → *Glossar*), es dabei nach und nach waagerecht drehen und genügend Sayabiki → *Glossar* anwenden.

Den rechten Fuß aufstellen und gleichzeitig die Schläfe des Gegners heftig mit Nukitsuke → *Glossar* angreifen.

※ Die Bedeutung des Iai liegt in der Bewegung von Sayabanare → *Glossar*, d.h. der Zeitpunkt, an dem das Schwert die Saya → *Glossar* verlässt.

※ Jo ha kyū = Man zieht das Katana anfangs ruhig und langsam und wird dann Stück für Stück schneller.

In dem Augenblick, in dem die Kissaki → *Glossar* die Saya → *Glossar* verlässt, zieht man energisch und schnell, als würde das Schwert fliegen und achtet besonders auf den festen Griff beim Te no uchi → *Glossar* der rechten Hand und auf das Sayabiki → *Glossar* der linken Hand.

★ Wenn der Gegner nach hinten zurückschreckt, mit dem linken Knie vorrücken, um die Distanz zum Gegner zu verringern. Gleichzeitig das Katana

足を踏み込んで真っ向から切り下ろす。

※振りかぶった刀を頭上で止めない。振りかぶったら切り下ろす。

※振りかぶりも切り下ろしも、左手を上手く働かすこと。

★刀を振りかぶる時左手は、鯉口を臍前に持って来ながら自然に鞘から離して柄にかける。刀を振り回すのではなく、刀尖で左の後ろを突くようにして右手首を折り曲げて振りかぶる。

★振りかぶった刀は水平とし、体の中心の真上に、切っ先は左右に偏らず真っすぐに振りかぶる。そこから

über den Kopf (Jōdan) anheben, das rechte Bein aufstellen und direkt von oben schneiden (Makkō kara kiriorosu → *Glossar*).

※ Das angehobenen Schwert nicht über dem Kopf halten. Nach dem Anheben sofort abwärts schneiden (Kiriorosu → *Glossar*).

※ Sowohl beim Anheben, als auch beim Schneiden auf die Benutzung der linken Hand achten.

★ Beim Anheben des Katana bringt die linke Hand den Koiguchi → *Glossar* zum Nabel und wird dann ohne Umwege zum Griff geführt. Das Katana wird nicht nach hinten geschwungen, sondern mit der Spitze, als würde man nach hinten links stechen wollen, angehoben, wobei man das Handgelenk der rechten Hand biegt.

★ Das Katana wird horizontal über den Kopf, genau über die Mitte des Körpers gehoben, so dass das Kissaki → *Glossar* nicht nach links oder rechts abweicht.

切っ先が体の中心線を逸れないように、真っすぐに刃筋を立てて腰を入れ、真っ向正面から切り下ろす。

★切り下ろしは刀尖が床上七寸ぐらいまで切り下げる。切り下ろしたとき鍔は右膝よりも前に出ないで、右手拳の上部が膝の高さとなる。

★切った後、充分に残心をとってから、右手首を折り曲げて刀尖で後ろを突くようにして血振りに入る。血振りは力を抜いて大きくたっぷりと行う。最後の一尺ぐらいのところから手の内を締めて刀尖の冴えを出す。

★血振りした刀尖は外へ流れないように、倒れている敵に付ける。

Dann, ohne dass das Kissaki → *Glossar* die Mittellinie des Körpers verlässt, mit dem ganzen Körper (Anspannung) gerade nach vorne (Shōmen) schneiden,

★ Beim Schneiden die Spitze bis auf 7 Sun (ca. 21 cm) über dem Boden senken. Beim Schnitt darf die Tsuba nicht über das Knie hinausragen. Der rechte Handrücken ist auf Höhe des Knies.

★ Nach dem Schnitt und genügend Zanshin → *Glossar* das rechte Handgelenk biegen und die Schwertspitze nach hinten bewegen, als würde man stechen, um Chiburi auszuführen. Beim Chiburi wenig Kraft einsetzen und groß und weit ausführen. Ab dem letzten Shaku (ca. 30cm) ein festes Te no uchi → *Glossar* benutzen um die Schwertspitze herauszustellen.

★ Damit die Schwertspitze nach dem Chiburi nicht nach außen abweichen kann, mit ihr auf den zu Boden gefallenen Gegner zeigen.

★足を踏み替える時上体は真っすぐにして、足を揃えた時に腰が伸びないように。左足を右足に揃える時は攻め、右足を引く時は残心である。

★左掌で栗形を探りながら鯉口を深く握って臍前にとり、右拳で平仮名の「の」の字を反対から書くようにして、刀の鍔元近くの棟を左手に合わせて納刀する。納刀でも抜きつけの時と同様に、左手の引き手を充分利かす。刀を納め終わるのと、右膝が床に着くのと同時。納め終わった時の右拳は最初刀に手をかけた時の手の内と同じ。

★ Beim Schrittwechsel den Oberkörper gerade halten. Wenn beide Füße auf einer Höhe sind, den Oberkörper nicht strecken.

Wenn man mit dem linken Fuß zum rechten aufschließt Seme → *Glossar* darstellen, beim zurückziehen des rechten Fußes Zanshin → *Glossar*.

★ Während man mit der Handfläche der linken Hand das Kurigata sucht, den Koiguchi → *Glossar* fest halten und vor den Bauchnabel bringen. Mit der rechten Hand das Katana mit einer Bewegung in dic Saya → *Glossar* einführen, als würde man das japanische Schriftzeichen "No" (の) rückwärts schreiben.

Mit der linken Hand in die Nähe der Tsuba die Mune → *Glossar* berühren und Nōtō ausführen. Beim Nōtō gilt genauso wie beim Nukitsuke

→ *Glossar*, dass man mit der linken Hand genügend Sayabiki → *Glossar* ausführt. Nōtō und das Aufsetzen des rechten Knies auf dem Boden findet gleichzeitig statt. Die Faust befindet sich nach dem Nōtō in der gleichen Position wie beim Te no uchi → *Glossar* am Anfang der Kata beim Greifen des Katana.

★右足を踏み出して立ち上がるときは、上体を前後左右に傾ける事なく真っすぐに保って立ち上がる。

★ Wenn man beim Aufstehen mit dem rechten Fuß nach vorne geht, den Oberkörper gerade halten und nicht nach links, rechts, vorne oder hinten neigen.

★立ち上がって左足から後退して元の位置に戻る。戻る時も残心を示し、戻り終わるまで気を抜いてはならない。

★ Nach dem Aufstehen mit dem linken Bein zuerst nach hinten gehen und zur Startposition zurückkehren. Auch beim Zurückkehren zeigt man Zanshin → *Glossar*, man darf nicht die Spannung verlieren.

Nihonme Satō (Hidari)

二本目　左刀（さとう）　左

（要義）左に居る敵を想定して正面を左にして座る。初発刀に同じ。

Das Wesentliche

Man nimmt an, dass der Gegner sich links befindet und setzt sich links zur Shōmen.

Der Rest gleicht Shohattō.

（動作）

Der Bewegungsablauf

★両膝を寄せながら敵に注目して刀に手をかけ、右膝を軸にして、左の敵に向き直って、左足を踏み込んで抜き付ける。その時右の足先は右膝の真後ろまで回す。足が左右反対になるだけで、初発刀と同じ。

★ Während man die Knie zusammenbringt, die Aufmerksamkeit auf den Gegner richten und die Hände ans Katana legen.

Auf dem rechten Knie drehen (als Achse benutzen) und zum Gegner links drehen. Das linke Bein aufstellen und mit Nukitsuke → *Glossar* schneiden. Dabei die rechte Fußspitze genau bis hinter das rechte Knie drehen.

Bis auf das die Beine vertauscht sind, gleicht der Rest Shohattō.

Sanbonme Utō (Migi)
三本目　右刀（うとう）　右

（要義）右に居る敵を想定して、正面を右にして座る。初発刀に同じ。

Das Wesentliche

Man nimmt an, dass der Gegner sich rechts befindet und setzt sich rechts zur Shōmen,

Der Rest gleicht Shohattō.

（動作）

Der Bewegungsablauf

★両膝を寄せながら敵に注目して刀に手をかけ、左膝を軸にして、右の敵に向き直って、右足を踏み込んで抜き付ける。その時左の足先は左膝の真後ろまで回す。あとは初発刀と同じ。

★ Während man die Knie zusammenbringt, die Aufmerksamkeit auf den Gegner richten und die Hände ans Katana legen.

Auf dem linken Knie drehen (als Achse benutzen) und zum Gegner rechts drehen. Das rechte Bein aufstellen und mit Nukitsuke → *Glossar* schneiden. Dabei die linke Fußspitze genau bis hinter das linke Knie drehen.

Der Rest gleicht Shohattō.

Yonhonme Ataritō (Ushiro)
四本目　当刀（あたりとう）　後

（要義）自分の背後に居る敵を想定して左回りに回って正面に後ろ向きに座る。初発刀と同じ。

Das Wesentliche

Man nimmt an, dass der Gegner sich hinter einem befindet und dreht sich nach links um sich mit dem Rücken zur Shōmen zu setzen.

Der Rest gleicht Shohattō.

（動作）

★両膝を寄せ、右膝を軸に左回りして、後ろの敵に向き直りながら刀を抜き出し、左足を踏み込んで、抜き付ける。あとは二本目左刀と同じ。

★ Beide Knie zusammenbringen, das rechte Knie als Achse benutzen und sich nach links drehen. Während man sich zum Gegner nach hinten dreht, das Katana ziehen, das linke Bein aufstellen und mit Nukitsuke → *Glossar* schneiden.

Der Rest gleicht Nihonme Satō.

Gohonme Inyōshintai (Yaegaki)
五本目　陰陽進退（いんようしんたい）　八重垣

（要義）二人の敵を想定した技である。

Das Wesentliche

Eine Technik, bei der angenommen wird, dass es zwei Gegner gibt.

9

一人目の敵のこめかみへ抜き付けたが不充分のため、後退しようとするのを、立ち上がりながら左足を一本踏み込んで真っ向から切り倒し、刀を納め終わろうとするところへ、もう一人に敵が正面から切りかかって来るので、左足後ろに充分に引いて敵の腰を切り、敵が仰け反るか倒れようとするところを更に踏み込んで上段から真っ向に切り下ろす。

（動作）

★振りかぶりから切り下ろしは間延びしないこと。

★横血振りは切っ先で布を切り裂くようにして鋭く行う。左手も活用する。

★二人目の敵に抜

Der erste Gegner wird mit Nukitsuke → *Glossar* angegriffen, aber nur verletzt. Da er dann versucht, nach hinten auszuweichen, macht man mit dem linken Bein beim Aufstehen einen Schritt nach vorne und schneidet nochmals direkt von oben. Wenn man dabei ist, Nōtō zu beenden, greift ein weiterer Gegner von vorne (Shōmen) an. Man zieht den linken Fuß genügend nach hinten (macht einen Schritt nach hinten) und schneidet die Hüfte des Gegners. Wenn dieser nach hinten zurückschreckt oder umfällt, dass Bein aufstellen und von über dem Kopf aus direkt frontal abwärts führend schneiden → *Glossar*.

Der Bewegungsablauf

★ Zwischen dem Hochnehmen des Schwertes und dem Schnitt gibt es keine Pause.

★ Beim Yokochiburi → *Glossar* ein scharfe Bewegung machen, als würde man ein Stück Stoff schneiden wollen. Auch die linke Hand einsetzen.

★ Wenn Nukitsuke → *Glossar* zum

き付けるときは、腰高にならないように左足を後ろに充分引いて体を低くする。

　※第二の敵への抜き付けがこの技（陰陽進退）の身上である。

zweiten Gegner ausgeführt wird, das linke Bein weit nach hinten ziehen um die Hüfte deutlich nach unten zu bringen und den Körper abzusenken.

※ Das Nukitsuke → *Glossar* beim zweiten Gegner ist die essentielle Technik dieser Kata.

Ropponme Ryūtō
六本目　流刀（りゅうとう）

（要義）敵が不意に左から頭上に切りつけて来る。その刀を自分の刀で受け流し、敵が前にのめるところを、左腰を鞘ごと切る技である。

Das Wesentliche

Ein Gegner kommt plötzlich von links und greift mit einem Schnitt von oben auf den Kopf an. Bei dieser Technik wehrt man sein Schwert mit dem eigenen ab (Ukenagashi → *Glossar*) und schneidet den nach vorne fallenden Gegner durch die Saya → *Glossar* an der linken Hüfte.

（動作）

Der Bewegungsablauf

★正面を左にして座る。

★ Links zur Shōmen setzen.

★両膝を寄せて顔

★ Beide Knie zusammenbringen und

11

を左の敵に向け、左手で刀を左に返し、右手で柄を上から被せるように握って刀を抜き出す。左足を約一歩前に踏み付け、右足はそのままの位置で爪先を立て、上体を左に捻り右手の掌が上を向くように右手首を反転させて刀の鎬で敵の刀を受ける。左手の鞘引きを充分に利かせて鞘放れ鋭く抜く。

★すかさず立ち上がりながら右足を右に踏み出し、両膝を開いて腰を充分落として、刃を外側にして刀を水平に、棟を首の後ろの当たりに天秤棒を担いだ形に取る。（四股を踏んだ形となる。）このとき上体は真っ

das Gesicht dem Gegner links zuwenden. mit der linken Hand das Katana nach links drehen und mit der rechten Hand das Katana von oben greifen und ziehen. Mit dem linken Fuß ungefähr einen Schritt nach vorne machen. Der rechte Fuß bleibt in der gleichen Position, die Zehenspitzen aufstellen und den Oberkörper nach links drehen. Das rechte Handgelenk drehen, damit die Handfläche der rechten Hand nach oben zeigt. Mit dem Shinogi → *Glossar* des Katana das Katana des Gegners blocken. Mit der linken Hand genügend Sayabiki → *Glossar* ausführen und das Katana scharf ziehen (Sayabanare → *Glossar*)

★ Während man sofort aufsteht, das rechte Bein nach rechts aufstellen, beide Knie auseinanderbringen und mit der Hüfte in einer tiefen Position bleiben. Die Schneide nach außen drehen und das Katana horizontal halten.

Das Katana hinter dem Nacken wie ein "Tenbinbō" halten.

すぐに保ち、眼は
左の敵に注ぐ。

Tenbinbō = Tragestange der Bauern.

(Mit beiden Füßen wie ein Sumo-
Ringer beim Shiko stampfen.) Dabei
den Oberkörper gerade halten und mit
den Augen den linken Gegner
beobachten.

★左足を軸にして
左の敵に向き直り
ながら、右足を左
足に揃える寸前に
左手を柄に掛けて
切る。切るときは
両の踵を合わせ、
両膝を開いてしっ
かり腰を入れて切
る。上体は正しく
腰の上に落ち着け、
両足先は扇を開い
た形になる。

★ Das linke Bein als Achse benutzen
und zum Gegner links drehen.
Unmittelbar bevor das rechte Bein mit
dem linken Bein zusammengeführt
wird, die linke Hand an den
Schwertgriff legen und schneiden.
Beim Schnitt die Knie ausseinander-
und beide Fersen zusammenbringen
und mit dem ganzen Körper schneiden.
Den Oberkörper aufrecht halten, die
Fußstellung nimmt die Form eines auf
gefalteten Fächers an.

★そのままの位置
で刀の刃を下に向
け、左足を大きく

★ In dieser Position dreht man die
Schneide des Katanas nach unten und

13

後方に引きながら、刀先を下にとって血流しをする。

★この技は腰の高さを一定に保ち上下に動かさないことが肝要である。

★この形になって敵の左腰を鞘ごと切る。

★左手は最初から柄を握るのではなく、右片手で切る途中から柄に添えて、両手の手の内を利かせて切る特殊な刀法である。

★両手を左方に反転させながら刀尖を右腿の当たりに送り（この時刀尖を袴に着けない）右手の掌の半面で鍔を覆うようにして刀を逆手に持ち替え、左膝を床について納刀する.

während man den linken Fuß weit nach hinten zieht, richtet man die Schwertspitze nach unten und macht chinagashi → *Glossar*.

★ Das wichtigste an dieser Technik ist, die Hüfte ohne nach oben oder unten abzuweichen, auf einer Höhe zu behalten.

★ Während man diese Form einhält, schneidet man die Hüfte des Gegners durch die Saya → *Glossar*.

★ Die linke Hand hält den Griff beim Schnitt nicht von Anfang an fest umschlossen, sie wird der rechten während des Schnittes hinzugefügt. Danach mit beiden Händen Te no uchi → *Glossar* ausführen und schneiden.

★ Während man beide Hände nach links dreht, bringt man die Schwertspitze zum rechten Oberschenkel (dabei die Spitze nicht am Hakama anlegen). Den Griff der rechten Hand am Katana wechseln, als ob man mit der halben Handfläche die Tsuba bedeckt, das linke Knie auf den Boden aufsetzen und Nōtō ausführen.

Nanahonme Juntō (Kaishaku)
七本目　順刀（じゅんとう）　介　錯

（要義）士分の切腹する人の介錯をしてやる技である。

Das Wesentliche

Eine Technik, bei dem man einem Samurai, der Seppuku begeht, sekundiert.

相手の左側に相手に面して正面を向いて正座し徐に介錯する。

Man setzt sich auf die linke Seite des desjenigen (der Seppuku begeht) in die Seiza, wobei man Richtung Shomen schaut und führt ruhig Kaishaku aus.

（動作）

Der Bewegungsablauf

★両膝を寄せながら刀の柄に手をかけて腰を浮かし、爪先を立てて上体を正面に向けたまま、左膝を軸にして左足先を左に回し、右足を右に踏み出しながら刀を抜き出す。

★Während man beide Knie zusammenbringt, die Hände ans Katana legen und die Hüfte anheben. Dann die Zehenspitzen aufstellen und den Oberkörper nach vorne ausgerichtet lassend das linke Knie als Achse benutzen und den linken Vorderfuß nach links drehen. Während man den rechten Fuß nach rechts aufstellt, das Schwert ziehen.

★切っ先がわずかに鞘の中に残っているところから腰を左に捻って抜刀

★ Beim Zeitpunkt, an dem das Kissaki → *Glossar* sich nur noch ein kleines Stück in der Saya → *Glossar* befindet, die Hüfte nach links drehen und das

し、左足を軸にして立ち上がりながら右足を左足に揃え、同時に右手を大きく回して右拳を右肩の前、乳の高さに持って来る。この時刀は天秤棒のように肩に担がないで立てる。

★静かに刀を上段にとり、相手が三方に手を掛けようとして上体を前に傾けたところを右足を踏み出して右足が地に着くと同時に首の皮を一枚残して切る。この切り下ろしは力を入れないで刀の重さで下ろす程度にして、手の内の締めで切る。

★上段にとった刀を右肩側に寄せてから切り下ろすのではなく、真っ向上段の位置から裂

Katana ziehen. Das linke Bein als Achse benutzen und während dem Aufstehen das rechte Bein zum linken bringen. Gleichzeitig die rechte Hand weit kreisen lassen und die rechte Faust vor die rechte Schulter, auf Höhe der Brust bringen. Dabei das Schwert nicht wie wie ein Tenbinbō über die Schulter halten sondern senkrecht stellen.

★Das Katana ruhig über den Kopf bringen (Jōdan) und wenn der Seppuku Ausführende den Oberkörper nach vorne beugt, um zum Sanbō (Tischchen aus Holz) zu greifen, mit dem rechten Fuß vortreten und wenn der eigene rechte Fuß den Boden erreicht, gleichzeitig den Hals des Ausführenden bis auf ein letztes Stück Haut schneiden.

Bei diesem Schnitt ohne Krafteinsatz, nur mit dem Gewicht des Katana und dem Einsetzen eines starken Te no uchi → *Glossar* schneiden.

★ Das über den Kopf erhobene Katana wird nicht rechts über die Schulter gerichtet, um von dort aus zu schneiden. Es wird genau über dem

裟に切り下ろす。切り下ろした時刃は稍左斜め下を向く。

★刀をわずかに手元に引いて、残っている皮一枚を切る。

★刃を下に向けて刀を手前に引きながら刀尖を下げて血流しをし、両手を反転させながら左に取り、刀尖を右腿の上方に持ってくる。この時刀を袴を着けない。右手の掌の半面で鍔を被うようにして刀を逆手に持ち替えて納刀する。

★この技は敵対行為では無く、切腹する人の介錯をする技であるから相

Kopf genommen (Jōdan) und von dort aus nach unten ein Kesa Schnitt ausgeführt. Die Klinge zeigt nach dem Schneiden (Kirioroshi → *Glossar*) ein wenig diagonal nach unten links.

★Das Katana leicht nach hinten ziehen um das letzte Stück Haut abzuschneiden.

★ Das Katana mit der nach unten zeigenden Klinge zu sich ziehen, die Spitze (Tōsen) nach unten senken und das Blut ablaufen lassen.

Während man das Schwert mit beiden Händen dreht, das Schwert auf die linke Körperseite und die Schwertspitze (Tōsen) ungefähr über den rechten Oberschenkel bringen. Dabei berührt das Katana nicht den Hakama.

Den Griff der rechten Hand am Katana wechseln, als ob man mit der halben Handfläche die Tsuba bedeckt und Nōtō ausführen.

★Weil diese Technik kein Kampf, sondern eine Assistenz beim Seppuku ist, wird sie, um die Gefühle des Ausführenden nicht durcheinander

手の気持を乱さないように終始静かな気持ちで行う。大会や試合では抜かないこと。

zubringen, von Anfang bis Ende ruhig ausgeführt. Bei Turnieren und Wettkämpfen wird sie nicht vorgeführt.

八本目　逆刀（ぎゃくとう）　付　込
Happonme Gyakutō (Tsukekomi)

（要義）敵が正面から切り込んで来るのを、一歩後退しながら敵の刀を摺り落とす心持ちで受け流し、返す刀で敵の胸元まで切り付け、敵が後退するのを追い打ちに再び臍まで切り下げ、最後に留めを刺す。

Das Wesentliche

Man geht von dem Gegner, der von Shōmen aus angreift, einen Schritt zurück und macht gleichzeitig Ukenagashi mit dem Gefühl, einen Treffer abgleiten zu lassen.

Mit dem zurückgeholten Katana danach bis zur Brust mit Kiritsuke schneiden. Danach dem zurückweichenden Gegner folgen und nochmals bis zum Bauchnabel schneiden um ihm danach den Gnadenstoß zu versetzen.

（動作）

Der Bewegungsablauf

★右足を一足長前に踏み出して刀をわずかに抜き出し、敵の動きを窺う気持ちで一瞬、間を

★ Den rechten Fuß etwas weiter als eine Fußlänge vorsetzen, und das Katana ein wenig ziehen. Die Bewegungen des Gegner genau

取る。この時顔と
目は前上方の敵へ
向く。

★左足を一歩後ろ
に引きながら立ち
上がって敵の刀を
受け流し、すかさ
ず敵の面から胸元
まで切りつける。
この時は諸手上段
に取ってから切り
下ろすのではなく、
左手は切り下ろす
瞬間に柄に添えて
手の内の締めで切
る。

★この第一撃の切
り下ろしは、無傷
の敵が逃げないう
ちに受け流しから
素早く行う。刀は
上段に振りかぶら
ないで、受け流し
た位置から切りつ
ける。

★更に後退する敵
を刀尖で圧しなが
ら追い込んで、真

beobachten und einen kurzen
Augenblick abwarten. Dabei zeigen die
Augen und das Gesicht zum Gegner.

★ Während man den linken Fuß einen
Schritt nach hinten setzt, aufstehen und
das gegnerische Katana mit Ukenagashi
→ *Glossar* abwehren (abfliessen
lassen) und sofort den Gegner vom
Gesicht bis zur Brust mit Kiritsuke
schneiden.

Dabei werden nicht beide Hände
gleichzeitig über den Kopf genommen
um zu schneiden, die linke Hand greift
erst beim Schnitt selbst den Griff und es
wird mit festem Te no uchi → *Glossar*
geschnitten.

★ Die erste Attacke wird, nachdem
Ukenagashi → *Glossar* ausgeführt
wurde, sofort gemacht, um den
unverletzten Gegner am fliehen zu
hindern. Mit dem Katana kein
Furikaburi → *Glossar* ausführen aus
der Ukenagashi – Position heraus
schneiden.

★ Mit der Schwertspitze wird
zusätzlich Druck auf den
zurückweichenden Gegner ausgeübt

っ向から切り下ろす。右足を引きながら諸手左上段に振りかぶる。この時充分に残心をとって位を保つように心掛ける。

★刀を下ろしながら右膝を床につき、刀を逆手に持ち替えて（五指全部で鷲掴みに柄を握る）留めを刺す心持ちで刀を引き抜く。（突いた刀を引き抜く要領）

★刀を臍前に横一文字に横たえて後、納刀する。

und dann von oben aus mit Kirioroshi → *Glossar* geschnitten.

Während man das rechte Bein zurückzieht, das Schwert mit beiden Händen nach links in die Jōdan-Position anheben. Dabei mit genügend Zanshin → *Glossar* Haltung bewahren.

★ Beim Absenken des Schwertes das rechte Knie auf den Boden absenken, mit der rechten Hand am Schwert umgreifen (mit allen 5 Fingern fest um den Griff greifen) und mit dem Gefühl des Gnadenstoßes das Katana herausziehen. (Der wichtigste Punkt ist das Herausziehen des Katana.)

★ Das Katana parallel zum Boden (wie das japanische Kanji für „1") halten und danach Nōtō ausführen.

Das japanische Kanji für „1":

Kyūhonme Seichūtō (Getsuei)
九本目　勢中刀（せいちゅうとう）　月　影

（要義）右側の敵が上段から切って来るのを篭手に抜き付け、後退するのを追い打ちに踏み込んで真っ向から切り下ろす。

(動作）

★右の敵が立って切って来るので左の膝を軸に九十度右に回って、敵に向き直りながら立ち上がり、右足を踏み込んで敵の両小手を切り落とす気合で鋭く抜きつける。この時棒立ちにならないで、腰を充分落とし、且つ半身にならないこと。刀の刃はほぼ水平。

★後退する敵を継

Das Wesentliche

Den Gegner, der von rechts kommt und aus Jōdan angreift mit Nukitsuke → *Glossar* am Kote (Unterarm-Handschuh beim Kendo) schneiden. Dem zurückweichenden Gegner dann folgen und geradeaus von oben schneiden.

Der Bewegungsablauf

★ Da der Gegner rechts aufsteht und angreift, das linke Knie als Achse benutzen und sich um 90° nach rechts drehen. Während man sich dann zum Gegner ausrichtet, aufstehen und mit dem rechten Fuß einen Schritt nach vorne machen. Dann mit dem Gefühl, als wolle man dem Gegner beide Unterarme abschneiden, scharf Nukitsuke → *Glossar* ausführen.

Dabei wird der Körper nicht gestreckt, sondern die Hüfte tief gehalten. Keine schräge Körperhaltung annehmen. Die Klinge des Katana ist fast waagerecht.

★ Dem fliehenden Gegner mit

ぎ足で追い込んで、
上段から真っ向に
切り下ろす。ここ
の継ぎ足で追い込
むところは、間延
びしないように心
掛けること。

★切り下ろした立
ったままの姿勢で
血振りをし、足を
踏み替えて納刀し
右膝を床に着く。

Tsugiashi folgen und von Jōdan aus gerade nach unten schneiden (Jōdan kara makkō ni kiriorosu → *Glossar*). Beim Folgen mit Tsugiashi ist darauf zu achten, dies ohne Pause zu tun.

★ Die Körperhaltung nach dem Schnitt beibehalten und Chiburi ausführen. Dann die Beine wechseln, Nōtō ausführen und das rechte Knie auf dem Boden bringen.

Jupponme Korantō (Oikaze)
十本　虎乱刀（こらんとう）　追　風

（要義）前にいる
敵が後退りに逃げ
ようとするのを追
いかけて切る。初
伝の中で唯一の立
ち技である。

Das Wesentliche

Da der vor einem stehende Gegner rückwärts zu fliehen versucht, folgt man ihm und schneidet ihn.

Die einzige Technik im Shoden, die im Stehen ausgeführt wird.

（動作）

★立った姿勢から
わずかに両膝をゆ
るめて腰を落とし、

Der Bewegungsablauf

★ Aus der stehenden Haltung heraus die Knie ein wenig lockern und die Hüfte absenken. Während der linke Fuß

左足を半歩ほど出しながら刀を抜き出し、右足を踏み込むと同時に抜き付ける。

einen halben Schritt nach vorne macht, anfangen, das Katana zu ziehen und beim Schritt nach vorne mit dem rechten Fuß gleichzeitig Nukitsuke → *Glossar* ausführen.

Zum besseren Verständnis der deutschen Übersetzung wurden für den nächsten Punkt zwei Punkte des japanischen Originals zu einem Punkt mit umgekehrter Satzreihenfolge zusammengefasst.

★抜き付けてから追い込みはよどみなく、滑らかに行うこと。追い風と言うくらいだから風に乗ってスーッと行く感じ。
すかさず左足、右足と追い込んで真っ向から切り下ろす。追い込みは刀先で敵を攻めながら追い込む。

★ Das Verfolgen des Gegners nach dem Nukitsuke → *Glossar* erfolgt in einer fließenden Bewegung. Die Bewegung sollte gleitend, wie von hinten wehender Wind sein, deshalb wird die Kata auch Oikaze (Rückenwind) genannt.

Sofort mit links und rechts nach vorne schreiten und von gerade oben nach unten schneiden (Makkō kara kiriorosu → *Glossar*). Dabei mit der Schwertspitze den Gegner bedrohen. (Seme → *Glossar*)

★立った姿勢で血振りをし、足を踏み替えて立ったまま納刀する。この技の足の踏み替え

★ Im Stehen Chiburi ausführen, die Füße wechseln und Nōtō stehend ausführen. Das Wechseln der Beine bei dieser Technik ist nicht wie bei den Techniken im Sitzen, d.h. das rechte

は、座技のように
は右足を大きく後
ろに引かない。右
足は僅かに半歩程
度引くだけ。

Bein wird nicht weit nach hinten
gesetzt. Es wird nur ungefähr ein halber
Schritt nach hinten gemacht.

Jūipponme Nukiuchi (Nukiuchi)
十一本目　抜　打（ぬきうち）抜　打

(要義)

向かい合って座っ
て居る敵の殺気を
感じ、素早く抜刀
して上段真っ向か
ら切り下ろす。

Das Wesentliche

Wenn man die Tötungsabsicht des
gegenüber sitzenden Gegners spürt,
wird sofort das Schwert gezogen und
von gerade oben aus geschnitten (Jōdan
makkō kara ni kiriorosu → *Glossar*).

(動作)

★腰を上げながら
両爪先を立て、刀
を刃を上向きにし
て胸の前に抜き取
り、刀尖を左の肩
越しに回して上段
に振りかぶる。こ
の時両膝を揃える。

Der Bewegungsablauf

★ Während man die Hüfte anhebt, die
Zehenspitzen aufstellen. Die Schneide
des Katana nach oben drehen und vor
der eigenen Brust ziehen. Die
Schwertspitze auf die linke Schulter
drehen und das Schwert über den Kopf
(Jōdan) führend ausholen. Dabei
werden beide Knie zusammengebracht.

★腰をわずかに上
げて弾みをつけ、

★ Die Hüfte etwas anheben um
Schwung zu bekommen, die Knie

膝を開いて床に打ち付けるぐらいの気迫を込めて切り下ろす。この時両の踵はくっつける。

auseinander bringen und mit dem Gefühl, als wolle man den Boden treffen, nach unten schneiden. Dabei werden beide Fersen zusammengebracht.

★そのままの姿勢で横の血振りをして納刀する。納刀しながら腰を沈め、尻が踵に着くのと刀を納め終わるのが同時。

★ In dieser Haltung Yokochiburi → *Glossar* und Nōtō ausführen. Beim Nōtō wird die Hüfte abgesenkt. Gleichzeitig mit dem Beenden des Nōtōs berühren sich dann Po und Fersen.

納刀し終わったとき両足は爪先を立てたままである。それから正座に戻る。

Nach dem Nōtō sind die Zehenspitzen noch aufgestellt. Danach Seiza-Position einnehmen.

Jūnihonme Inyōshintai Kaewaza
十二本目　陰陽進退替業
（いんようしんたいかえわざ）

（要義）五本目の陰陽進退と同じ意味の技であるが、この技はもう一人の敵が自分の右足に切りかかって来

Das Wesentliche

Auch wenn diese Technik in Grundzügen die gleiche wie Gohonme Inyōshintai ist, versucht hier der zweite Gegner das eigene rechte Bein

るので、右脛を囲うようにして敵の刀を受け払い、更に踏み込んで正面から切り下ろす。

（動作）

★敵の刀を受け払うのは、刀の物打ちあたりの鎬（やや棟に近い方）で、敵の刀をはたき落とす気持ちで鞘放れを鋭く行う。

★受け払った時の刀先は右足先と平行になり、右足小指の外側およそ十四、五センチのところ。刃は正面よりやや左斜め上向きとなる。

★二度目の抜刀は、一度目の納刀が終

anzugreifen. Deswegen umrundet man bei dieser Technik mit dem Schwert den rechten Unterschenkel und schlägt das gegnerische Schwert weg. Anschließend nach vorne schreiten und von Shōmen aus schneiden.

Der Bewegungsablauf

★ Beim Wegschlagen des gegnerischen Schwertes wird das Shinogi → *Glossar* im Bereich des Monouchi → *Glossar* (nahe der Mune → *Glossar*) verwendet. Dann mit dem Gefühl, dem Gegner das Katana aus der Hand zu schlagen, Sayabanare → *Glossar* scharf ausführen.

★ Wenn das Katana weg geschlagen wird, verläuft die Spitze parallel zur rechten Fußspitze und befindet sich ca. 14 - 15 cm von der Außenseite des rechten kleinen Zehs entfernt. Die Schneide wird in Bezug zu Shōmen ein wenig nach diagonal links oben gedreht.

★ Beim zweiten Ziehen des Katana wird, kurz bevor Nōtō abgeschlossen

わる寸前に、柄を上から被せるように持ち替え、刀を水平に保って前に抜き出す。

ist, der Griff von oben fest umschlossen und horizontal nach vorne gezogen.

★敵の刀を受け払った後、左足を進めて間を詰め、右足を踏み込んで真っ向から切り下ろす。

★ Nach dem Wegschlagen des gegnerischen Schwertes wird der linke Fuß nach vorne gesetzt um den Abstand zum Gegner zu verringern. Dann mit rechts einen Schritt nach vorne machen und von gerade oben aus schneiden (Makkō kara kiriorosu → *Glossar*).

★左膝を床に着いて横の血振りをして納刀する。

Das linke Knie auf dem Boden aufsetzen, Yokochiburi → *Glossar* und dann Nōtō ausführen.

初伝（大森流）終わり

Ende der Kata der Anfangsstufe (Ōmoriryū)

Musō Shinden Ryū Iaidō
夢想神伝流居合道
Mittelstufe Hasegawa Eishin Ryū
中伝　長谷川英信流

Ipponme Yokogumo
一本目　横　雲（よこぐも）

（要義）正面に対座している相手のこめかみに抜き付け、相手がのけ反るか、或いは倒れようとするところを、すぐに踏み込んで上段から切り下ろす。

Das Wesentliche

Das Schwert ziehen und die Schläfe des gegenüber sitzende Gegners schneiden (Nukitsuke → *Glossar*). In den Augenblick,in dem der Gegner zurückschreckt oder dabei ist umzufallen, sofort den Fuß nach vorne setzen und von Jōdan aus senkrecht nach unten schneiden (Jōdan kara kiriorosu → *Glossar*).

（動作）

★静かに刀に手をかける。

★腰を浮かせながら、左足を後ろに

Der Bewegungsablauf

★ Die Hände ruhig an das Schwert legen.

★ Während man halb aufsteht, zieht man das linke Bein nach hinten, zieht

引いて相手のこめ
かみに抜き付ける。
この時、 腰高に
ならないように充
分に腰を落として
抜き付ける。

★一本目の横雲の
抜き付けのみ、初
発刀のように左膝
をついて右足を踏
み込んで抜き付け
るやり方もある。
その他はすべて引
き足。

★抜き付けた時の
刀尖の位置は初発
刀と同じ。

★左膝を右踵近く
に進めると同時に、
鞘を滑らかに戻し
ながら振りかぶり、
振りかぶった刀を
頭上で止める事な
く、一連の流れで
切り下ろす。

das Schwert und schneidet sofort durch die Schläfe des Gegners (Nukitsuke → *Glossar*).

Zu diesem Zeitpunkt beim Nukitsuke → *Glossar* die Hüfte deutlich nach unten bringen, so dass das Gleichgewicht nicht instabil wird.

★ Nur das Nukitsuke → *Glossar* der ersten Form Yokogumo kann auch wie bei Shohatto ausgeführt werden: Man kniet links und setzt den rechten Fuß nach vorne. Bei allen anderen Formen zieht man immer den Fuß zurück.

★ Nach dem Nukitsuke → *Glossar* befindet sich die Schwertspitze in derselben Position wie bei Shohattō.

★ Zur selben Zeit wenn das linke Knie in die Nähe der rechten Hacke gebracht wird, wird während die Saya → *Glossar* flüssig zurückgebracht wird, Furikaburi → *Glossar* ausgeführt und ohne das zurückgeführte Schwert über dem Kopf zu stoppen in einem Schwung senkrecht nach unten geschnitten.

★切り下ろす時、左膝は進めない。右足のみ踏み込んで切る。

★ Während des Abwärtsschnittes geht das linke Knie nicht nach vorne. Nur der rechten Fuß wird vorgesetzt und dabei geschnitten.

Nipponme Tora no issoku
二本目 虎一足 （とらのいっそく）

（要義） 正面に対座して居る相手が、右足へ切り込んでくるのを受け止め、相手が退こうとするところを、すかさず上段から正面に切り下ろす。

Das Wesentliche

Den vor einem sitzenden Gegner, der dabei ist, in den rechten Fuß zu schneiden, abwehren und in dem Moment, in dem der Gegner dabei ist, auszuweichen, blitzartig von Jōdan aus frontal senkrecht nach unten schneiden (Jōdan kara kiriorosu → *Glossar*).

（動作）

Der Bewegungsablauf

★柄に掛ける右手は上から被せるようにして握る。

★ Die rechte Hand bedeckt beim Griff zum Schwert den Griff von oben.

★刀は刃を上にして水平に抜き出す。この時上体は真っすぐにして、へっぴり腰にならないこと。

★ Die Schneide des Schwertes nach oben bringen und waagerecht herausziehen. Dabei den Oberkörper gerade halten und die Hüfte nicht nach hinten bringen.

★相手の刀を払い落とす気持ちで、鞘放れの瞬間に刀尖が鯉口から弾き出されるように強く素早く抜刀し、右臑を囲うように相手の刀を鎬で受け止める。

★ Mit dem Gefühl, das Schwert des Gegners weg zuschlagen, zieht man, in dem Moment, in dem die Schwertspitze die Scheide verlässt (Sayabanare → *Glossar*), das Schwert stark und schnell, so als ob die Schwertspitze von der Koiguchi → *Glossar* weg springt und wehrt am rechten Schienbein vorbei das Schwert des Gegners mit Shinogi → *Glossar* ab.

三本目 稲妻 （いなづま）

Sanbonme Inazuma

（要義）　正面に対座して居る相手が、立ち上がり上段から切りつけてくるところの右小手に切りつけ、更に真っ向から切り下ろす。

Das Wesentliche

Den vor einem sitzenden Gegner in dem Moment, in dem er aufsteht und von Jōdan aus schneiden will (Kiritsuke), in die rechte Hand schneiden und zusätzlich senkrecht nach unten schneiden (Makkō kara kiriorosu → *Glossar*).

（動作)

Der Bewegungsablauf

★抜きつけた時の刃は、少し右斜め下向き。

★ Nach dem Nukitsuke → *Glossar* soll die Schneide etwas schräg nach rechts unten zeigen.

★抜きつけた時の
姿勢は中腰。腰高
にならないこと。

★ Nach dem Nukitsuke → *Glossar* soll die Körperhaltung halb aufgerichtet und damit stabil sein.

Yonhonme Ukigumo
四本目　浮雲　（うきぐも）

（要義）右側に並
んで座って居る相
手が、当方の刀の
柄を掴もうとする
のを立ち上がって
はずし、相手の胸
に抜き付け、更に
右に引き倒し上段
から胴を切る。

Das Wesentliche

Wenn der auf der rechten Seiten neben einem sitzende Gegner nach dem Griff des eigenen Schwertes greift, aufstehen und [das Schwert] wegziehen, den Gegner mit Nukitsuke → *Glossar* in die Brust schneiden, ihn zusätzlich nach rechts herunter ziehen und von Jōdan aus in den Unterleib (Dō) schneiden.

（動作）

Der Bewegungsablauf

★相手に目を注い
で左手を刀にかけ、
左足を左に踏み出
して立ち上がり、
柄を左にはずす。
この時両足は四股
を踏んだ形となり、
上体は真っすぐに
して重心を中央に
置く。右手は右腰

★ Den Gegner genau beobachtend die linke Hand ans Schwert legen, den linken Fuß nach links ausstellend aufstehen und den Schwertgriff nach links wegziehen. Zu diesem Zeitpunkt mit beiden Füßen wie ein Sumo-Ringer beim Shiko stampfen, den Oberkörper gerade halten und den Schwerpunkt in die Mitte bringen. Die rechte Hand zur

に取る。

★左足を右足の外に踏み出して相手に向き直りつつ相手の頭を避けるように柄を上から回し、自分の顔の前を過ぎた辺りで右手を柄に掛け、体を沈めながら刀を右に水平に抜き出す。

★体を左にひねって相手の胸に抜き付ける。この時左足を反転させて足の甲が下を、足の裏が上を向くようにし、左足の脹脛と右足の臑を合わせる。

★右肘を右腰につけて腰を充分落とし、抜き付けた刀は柄より刀尖が高くなる。

★刀の位置はそのままにして、左足の甲を上に返して

rechten Hüfte bringen.

★ Den linken Fuß außerhalb neben den rechten Fuß setzen, sich zum Gegner wenden und dabei den Griff des Schwertes von unten her so drehen, dass er dem Kopf des Gegners ausweicht, in etwa am eigenen Gesicht vorbei die rechte Hand an den Schwertgriff legen und während man den Körper absenkt, das Schwert nach rechts waagerecht herausziehen.

★ Den Körper nach links drehen und die Brust des Gegners mit Nukitsuke → *Glossar* schneiden. Zu diesem Zeitpunkt den linken Fuß umdrehen, so dass der Spann nach unten und die Sohle nach oben zeigt und die Wade des linken Beines an das Schienbein des rechten Beines legen.

★ Den rechten Ellbogen an die rechte Hüfte legend die Hüfte deutlich fallen lassen. Die Spitze des gezogenen Schwertes ist höher als der Griff.

★ Das Schwert dort, wo es ist, lassen, den Spann des linken Fußes wieder nach oben bringen, sich zum Gegner

相手に向き直り、左手を刀の棟に当て、右足を後方に引いて相手を右斜め後ろに引き倒す。この時左手を充分伸ばし右肘はやや緩める。刀先はやや下方を向く。

★右膝を左踵近くに寄せて床につき、同時に刀先を左から大きく上方に反転させて、左手を柄にかけ刀を右上方にとる。右拳は顔の高さに取り、刀は左腕の延長線上に位置する。

★右膝を軸にして倒れている相手に向き直ると同時に刀を上段に振りかぶり、左足で相手の袖（又は腕）を踏み付けて動きを封じ胴に切り下ろす。刀は両手とも左腿の外側に、切っ先はかなり下まで切り下げ、上体

umdrehen und die linke Hand an die Mune → *Glossar* legen und den rechten Fuß zurückziehend den Gegner schräg rechts nach hinten zu Fall bringen. Zu diesem Zeitpunkt die linke Hand deutlich strecken und den rechten Ellbogen etwas lockern. Die Schwertspitze zeigt etwas nach unten.

★ Das rechte Knie kommt in die Nähe der linken Hacke, zur selben Zeit die Schwertspitze von links groß nach oben drehen, die linke Hand an den Schwertgriff legen und das Schwert nach rechts oben bringen. Die rechte Faust auf Gesichtshöhe bringen, das Schwert verlängert die Linie des linken Arms.

★ Wenn man sich um das rechte Knie drehend dem am Boden liegenden Gegner zuwendet, bringt man gleichzeitig mit Furikaburi → *Glossar* das Schwert nach Jōdan, blockiert mit dem linken Fuß auf den Ärmel (oder Arm) des Gegners tretend die Bewegung [des gegnerischen Arms] und schneidet von oben nach unten in den Oberkörper des Gegners (Kiriorosu

は前傾となる。

→ *Glossar*). Das Schwert [hält man dabei] mit beiden Händen außerhalb des linken Oberschenkels, die Schwertspitze ist deutlich nach unten abgesenkt, der Oberkörper ist nach vorne geneigt.

Gohonme Yamaoroshi
五本目　山颪　（やまおろし）

（要義）右側に座っている相手が、刀を抜こうとして両手を柄に掛けるのを、刀の柄で相手の手の甲を打ち、胸に抜き付け更に引き倒し上段から胴を切る。

Das Wesentliche

Bei einem auf der rechten Seite sitzenden Gegner, der sein Schwert ziehen will: Wenn er beide Hände an den Schwertgriff legt, mit dem Schwertgriff dem Gegner auf den Handrücken schlagen, ein Nukitsuke → *Glossar* zur Brust [ausführen], ihn zu Boden bringen und von Jōdan aus den Oberkörper schneiden.

（動作）

Der Bewegungsablauf

★相手に目を注いで左手を刀にかけ、腰を浮かせながら左膝を軸にして相手に向き直りつつ、刀を刃が下を向く

★ Den Gegner genau beobachtend die linke Hand an das Schwert legen und während man sich halb erhebt und sich auf dem linken Knie zum Gegner dreht, das Schwert und die Saya → *Glossar*

ように鞘ごと左へ
捻って鍔が胸元辺
りまで来るぐらい
前へ引きだし、右
足で相手の左腿を
強く踏み付けるよ
うな気持ちで床を
踏み、柄頭で相手
の手の甲を強く打
つ。この時右手は
右腿の付け根辺り
にとる。

★相手の頭を避け
ながら、左手拳が
自分の鼻先を通る
ようにして柄を上
から右に回し、顔
の前を過ぎた辺り
から右手を柄にか
けて刀を右の方に
抜き出し、体を左
に捻って相手の胸
に抜き付ける。こ
の時右脇を締めて
右肘を腰骨に付け、
刀先は柄より高い
位置になる。

so nach links drehen, dass die Schneide nach unten zeigt und das Schwert so herausziehen, dass die Tsuba ungefähr auf Höhe der Brust ist. Mit dem Gefühl, mit dem rechten Fuß den linken Oberschenkel des Gegners zu treten, auf den Fußboden treten, und mit der Tsukagashira den Handrücken des Gegners stark schlagen. Zu diesem Zeitpunkt befindet sich die rechte Hand neben dem oberen Endes des rechten Oberschenkels.

★ Während man dem Kopf des Gegners ausweicht, führt man die linke Faust an der eigenen Nasenspitze vorbei und dreht den Griff von oben nach rechts, legt die rechte Hand, sobald [der Griff] in etwa am Gesicht vorbei ist, an den Griff, zieht das Schwert nach rechts heraus, dreht den Körper nach links und führt Nukitsuke → *Glossar* zur Brust des Gegners aus. Zu diesem Zeitpunkt klemmt man die rechte Axelhöhle ein, der rechte Ellbogen befindet sich am Hüftknochen, die Schwertspitze ist höher als der Griff.

★この時右の臑で
相手の左腿を押さ
え、体重をかけて
相手の動きを封じ
る感じ。

★抜き付けた刀を
動かさせないで、
左膝を軸にして相
手に向き直り、左
手を刀の棟に当て、
右足を右に開いて
相手を引き倒す。
この時切っ先はや
や下を向く。

★刀先を左から大
きく上に回して刀
を右上に取ると同
時に、右足で相手
の袖又は腕を踏み
付けておいて、そ
の右足を軸にして
倒れている相手に
向き直ると同時に、
上段に振りかぶっ
て胴に切り下ろす。
踏み付けた右足の
位置は動かさない。

★倒れている相手
の胴を切るのだか

★ Zu diesem Zeitpunkt mit dem rechten Schienbein den linken Oberschenkel des Gegners nieder drücken und durch das Körpergewicht die Bewegung des Gegners blockieren.

★ Ohne das gezogene Schwert zu bewegen sich auf dem linken Knie zum Gegner umdrehen, die linke Hand an die Mune → *Glossar* legen, den rechten Fuß nach rechts ziehen und den Gegner herunter ziehen. Zu diesem Zeitpunkt zeigt die Schwertspitze etwas nach unten.

★ Die Schwertspitze von rechts groß nach oben drehend das Schwert nach rechts oben bringen und zur selben Zeit mit dem rechten Fuß den Ärmel oder Arm des Gegners niedertreten, sich auf dem rechten Fuß zum Gegner drehen und gleichzeitig Richtung Jōdan Furikaburi → *Glossar* ausführen und den Oberkörper von oben nach unten schneiden (Kiriorosu → *Glossar*). Die Position des aufgesetzten rechten Fußes wird dabei nicht verändert.

★ Da man den Oberkörper des umgefallenen Gegners schneidet, muss

ら、切っ先は十分下まで切り下げ、上体は稍前傾となる。

die Kissaki → *Glossar* deutlich nach unten gebracht werden und der Oberkörper leicht nach vorne gebeugt sein.

Ropponme Iwanami
六本目　石波　（いわなみ）

（要義）左側に座っている相手の右脇腹を突き刺し、更に引き倒して上段から背中に切り下ろす。

Das Wesentliche

In die rechte Flanke des auf der linken Seite sitzenden Gegners stechen, weiterhin (den Gegner) herunter ziehen und von Jōdan aus in den Rücken schneiden (Jōdan kara kiriorosu → *Glossar*).

（動作）

Der Bewegungsablauf

★左の相手に目を注ぎ、腰を浮かせて左足を後方に引きながら刀を抜き出し、切っ先の棟を左手の四指にのせ、掌を下に反転させて刀の刃を下に向けながら左膝を軸にして、左の相手に向き直って

★ Den linken Gegner genau beobachten. Während man sich leicht erhebend den linken Fuß nach hinten zieht, das Schwert ziehen, die Mune → *Glossar* im Bereich der Kissaki → *Glossar* in die vier Finger der linken Hand bringen, den Handballen nach unten drehen, während man die Klinge nach unten dreht, sich auf dem linken Knie zu dem linken Gegner wenden,

右足を左膝の近くに送り、刀を右腿と平行に右腿の外側に取る。

★左手を刀の棟に当てて右足で床を踏み付けながら、右手で相手の脇腹を突き刺してすぐに引き抜く。左手は動かさない。

★刀を相手の背中（肩甲骨の下）に当てて、右足を右に開いて引き倒す。

★刀先を左から上に回して右上方に取り、同時に右足で相手の袖又は腕を踏み付ける。

★右足を軸にして倒れている相手に向き直って、左膝を右足の後方に送ると同時に上段に振りかぶって背中に切り下ろす。

den rechten Fuß in die Nähe des linken Knies bringen, das Schwert parallel zum rechten Schenkel außerhalb des rechten Schenkels bringen.

★ Die linke Hand auf den Schwertrücken legen, während man mit dem rechten Fuß auf den Boden stampft, mit der rechten Hand in die Flanke des rechten Gegners stechen und sofort (das Schwert) zurückziehen. Die linke Hand bewegt sich dabei nicht.

★ In den Rücken des Gegners (unterhalb der Schulterblätter) mit dem Schwert treffen, den rechten Fuß nach rechts öffnend hinweg ziehen.

★ Die Schwertspitze von links nach oben drehen und nach rechts oben bringen, zur selben Zeit mit dem rechten Fuß auf den Ärmel oder den Arm des Gegners treten.

★ Sich auf dem rechten Fuß dem fallenden Gegner zuwenden, das linke Knie hinter den rechten Fuß bringen und zur selben Zeit das Schwert über den Kopf nehmend ausholen und in den Rücken des Gegners schneiden

(Kirioroshi).

Nanahonme Urokogaeshi
七本目　鱗返し　（うろこがえし）

（要義）左側に並んで座っている相手のこめかみに抜き付け、相手がのけ反るか或いは倒れようとするところを、すぐに踏み込んで上段から切り下ろす。

Das Wesentliche

Das Schwert ziehen und die Schläfe des links neben einem sitzenden Gegners schneiden (Nukitsuke → *Glossar*). In dem Augenblick, in dem der Gegner zurückschreckt oder dabei ist, umzufallen, sofort nach vorne treten und von Jōdan aus nach unten schneiden (Jōdan kara kiriorosu → *Glossar*).

（動作）

Der Bewegungsablauf

★相手に目を注いで刀に手をかけ、腰を浮かしながら右足を軸にして相手に向き直り、左足を右足の後方に引いて相手のこめかみに抜き付ける。抜き付けた姿勢は一本目横雲に同じ。

★ Den Gegner genau beobachtend die Hände an das Schwert legen, während man sich leicht erhebt, sich auf dem rechten Fuß zum Gegner wenden, den linken Fuß hinter den rechten Fuß ziehen, das Schwert ziehen und den Gegner in die Schläfe schneiden (Nukitsuke → *Glossar*). Beim Schnitt ist die Körperhaltung wie bei der ersten Form Yokogumo.

★以下の動作も一

★ Alle weiteren Bewegungen sind wie

40

本目横雲に同じ。 bei der ersten Form Yokogumo.

Happonme Namikaeshi
八本目　浪返し　（なみかえし）

（要義）後ろに、自分の背に向いて座っている相手のこめかみに抜き付け、相手がのけ反るか或いは倒れようとする所を、すぐに踏み込んで上段から切り下ろす。

Das Wesentliche

Das Schwert ziehen und den hinter einem sitzenden, einem zugewandten Gegner in die Schläfe schneiden (Nukitsuke → *Glossar*). In dem Augenblick, in dem der Gegner zurückschreckt oder dabei ist, umzufallen sofort nach vorne treten und von Jōdan aus nach unten schneiden (Jōdan kara kiriorosu → *Glossar*).

（動作)

Der Bewegungsablauf

★左回りに回って後ろ向きに座る。

★ Sich nach links drehen und nach hinten schauend setzen.

★後ろの相手に気を配りながら刀に手をかけて腰を浮かし、右足を軸にして左回りに相手に向き直ってこめかみに抜き付ける。抜き付けた姿勢は一本目横雲に同じ。

★ Während man dem hinteren Gegner seine Aufmerksamkeit widmet, legt man die Hände ans Schwert und erhebt sich leicht, wendet sich durch eine Linksdrehung auf dem rechten Fuß dem Gegner zu, zieht das Schwert und schneidet (den Gegner) in die Schläfe (Nukitsuke → *Glossar*). Beim Schnitt ist die Körperhaltung wie bei der ersten

★以下の動作も一本目横雲に同じ。

Form Yokogumo.

★ Alle weiteren Bewegungen sind wie bei der ersten Form Yokogumo.

Kyūhonme Takiotoshi
九本目　滝落とし（たきおとし）

（要義）後ろに、自分の背に向かって座っている相手が、自分の刀の鐺を掴むのでその握りを振り放して相手の胸元を突き刺し、相手が倒れるところを更に真っ向から切り下ろす。

Das Wesentliche

Weil der hinter einem sitzende, einem zugewandte Gegner an die Kojiri → *Glossar* des eigenen Katana greift, befreit man es aus diesem Griff, sticht den Gegner in die Brust und schneidet außerdem in dem Augenblick, in dem der Gegner fällt, gerade von vorne. (Makkō kara kriorosu → *Glossar*).

（動作）

Der Bewegungsablauf

★左回りに回って後ろ向きに座る。

★ Sich nach links drehen und nach hinten schauend setzen.

★左手を刀にかけて立ち上がりながら体を九十度左に向きを変え、左足を相手の方に踏み出して、柄を下からしゃくるように

★ Während man die linke Hand an das Schwert legt und aufsteht, den Körper um 90 Grad nach links drehen, den linken Fuß in Richtung des Gegners setzen, den Griff nach links bringen und dabei von unten hochziehen. Das

して左に取る。刀
は平に返さないで
刃は上向きのまま。
体は四股を踏んだ
形となり右手は腰
に取る。

★それでも相手が
鐺から手を放さな
いので、左足の脹
脛（ふくらはぎ）
を素早く右足の臑
に付けると同時に、
柄を下から強くし
ゃくり上げて右の
胸に取る。この時
左拳を内側に捻っ
て刃が斜め下向き
になるように反転
させて、右胸を強
く打つようにして
胸に取り、同時に
右手を柄にかける。
（これで相手が鐺
から手を離す。）

★すかさず左足、
右足の順にトトン
と右の方に踏み出
しながら、刀を右
上方に抜き上げる。
この時刀は水平に
し、刀尖を相手の

Schwert nicht waagerecht drehen, die Klinge zeigt weiterhin nach oben. Mit dem Körper wie ein Sumo-Ringer beim Shiko aufstampfen, die rechte Hand zur Hüfte bringen.

★ Da der Gegner aber immer noch nicht die Kojiri → *Glossar* loslässt, die Wade des linken Beines schnell zum rechten Schienbein bringen und gleichzeitig den Griff von unten stark hochziehen und zur rechten Brust bringen. Zu diesem Zeitpunkt die linke Faust nach innen drehen, die Schneide diagonal nach unten zeigend drehen und so zur Brust bringen, als ob man sich stark an die rechte Brust schlägt und dabei gleichzeitig die rechte Hand an den Griff legen. (So lässt der Gegner die Kojiri → *Glossar* los.)

★ Ohne zu zögern während man nacheinander den rechten und dann den linken Fuß mit einem „toton" (japanische Lautmalerei für zwei schnelle Schritte hintereinander) nach rechts aufsetzt, das Schwert nach rechts

方に向ける。

★最初立ち上がってからこれまでの間、顔だけ相手に向けて体は横向きのまま。

★体を相手に向けながら上から相手の胸元を突刺す。刀の動きが、丁度滝の水が上から落ちるような形となり、体は前傾となる。

★突いた刀を抜き取る気持ちで頭上に振りかぶり、右足を踏み込んで上段から真っ向に切り下ろす。この時腰を落として体勢を低くする。左膝は床に付けない。

★左膝を床につく

oben herausziehen. Zu diesem Zeitpunkt das Schwert waagerecht halten, die Schwertspitze zeigt Richtung Gegner.

★ In der Zeit vom anfänglichen Aufstehen bis jetzt, ist das Gesicht dem Gegner zugewandt während der Körper seitlich bleibt.

★ Während man den Körper dem Gegner zuwendet, sticht man den Gegner von oben in die Brust. Die Bewegung des Schwertes entspricht genau der Form des von oben fallenden Wassers eines Wasserfalls, der Körper ist nach vorne gebeugt.

★ Das Schwert, mit dem man zugestochen hat, mit dem Gefühl des Herausziehens Furikaburi → *Glossar* über den Kopf bringen, den rechten Fuß vorsetzen, von Jōdan aus von oben abwärts führend schneiden (Jōdan kara kiriorosu → *Glossar*). Zu diesem Zeitpunkt die Hüfte senken und den Körper nach unten bringen. Das linke Knie nicht auf den Boden bringen.

★ Wenn man das linke Knie auf den

と同時に横の血振
りをして納刀する。

Boden setzt, zur selben Zeit ein seitliches Chiburi (Yokochiburi → *Glossar*) machen und (danach) Notō.

Jupponme Nukiuchi
十本目　抜　打　（ぬきうち）

（要義）互いに接
近し向かい合って
正座している相手
の殺気を感じ、素
早く抜刀して真っ
向から切り下ろす。

Das Wesentliche

Man spürt die Tötungsabsicht des Gegners, der mit dem Gesicht zugewandt nahe vor einem in der formalen Sitzhaltung (Seiza) sitzt, zieht schnell sein Schwert und schneidet von oben (Makkō kara kiriorosu → *Glossar*).

（動作）

Der Bewegungsablauf

★中伝唯一の正座。
膝を寄せながら刀
に手をかけて上に
抜き上げ、上段か
ら真っ向に切り下
ろす。

★ Dies ist die einzige Mittelstufen – Form in der Seiza – Sitzhaltung. Während man die Knie zusammenführt, legt man die Hände an das Schwert, zieht es nach oben und schneidet von Jōdan aus nach unten (Jōdan kara makko ni kiriorosu → *Glossar*).

★この時両膝を左
右に開いて腰を伸

★ Zu diesem Zeitpunkt öffnet man die

45

ばし両の踵は着ける。

★納刀しながら腰を沈め、尻が踵に着くのと、刀を納め終わるのが同時。

中伝（長谷川英信流）終わり

Knie nach links und rechts, streckt die Hüfte und bringt die Hacken zusammen.

★ Während des Notōs senkt man die Hüfte und zum Zeitpunkt, an dem das Gesäß die Hacken erreicht, beendet man auch den letzten Teil (des Einsteckens des) Schwertes.

Ende der Kata der Mittelstufe (Hasegawa Eishin Ryū)

Juppon Ippon
十本一本

中伝十本技を、一本毎立膝に座り直さないで、納刀を終わった蹲踞の姿勢から次の技に入っていく抜き方で、最後の十本目の抜打で正面に方向が戻る。途中で向きを間違えると最後で正面に戻らないので、方向の取り方の訓練になる。又この十本を早抜きすることによって、中伝の難しい体捌きの訓練になる。ただし早抜きでも技をキチンとやらないと、崩れた中伝になるから注意のこと。

（要点）

演武の方向を分か

Wenn man die zehn Kata der Mittelstufe durchführt, indem man statt sich nach jeder Kata wieder in die Tatehiza (anderes Wort für Iaihiza) zu setzen, aus der hockenden Position (sonkyo no shisei), in der man das Notō beendet hat, in die nächste Technik hinein geht, kommt man mit der zehnten und letzten Form Nukiuchi wieder in Richtung Shōmen. Weil man, wenn man sich unterwegs in der Richtung geirrt hat, zum Schluss nicht in Richtung Shōmen ankommt, bekommt man Übung darin, die richtige Richtung zu wählen. Außerdem übt man durch das schnelle Ziehen das in den Kata der Mittelstufe schwierige Taisabaki → *Glossar*. Man muss dabei aber aufpassen, dass man trotz des schnellen Ziehens die Techniken sauber ausführt, das sonst die Kata der Mittelstufe zusammenbrechen.

Wesentliche Punkte

Um die Richtung der Durchführung

りやすくするため
に、東西南北で表
示する。

一本目「横雲」か
ら三本目「稲妻」
迄は正面（北）に
向いたまま演武。

四本目「浮雲」は
北向きから、納刀
が終わった時は東
向きに修正する。

五本目「山颪」で
は正面は南になり
東向きから始める。
すると南西の方向
で終わる。それを
南に修正してそこ
から岩波に入る。

六本目「岩波」で
は正面は東。南向
きから抜きだし、
東向きで終わる。

七本目「鱗返し」
は北を正面とし、
東向きから始まっ
て北向きで終わる。

leicht zu verstehen, werden die Begriffe Osten / Westen / Norden / Süden benutzt.

Von der ersten Form (Yokogumo) bis zur dritten Kata (Inazuma) blickt man unverändert Richtung Shōmen (Norden).

Bei der vierten Form (Ukigumo) aus nördlicher Richtung korrigiert man seine Haltung, wenn man das Notō beendet hat, in östliche Richtung.

Bei der fünften Form (Yamaroshi) liegt Shōmen im Süden, man beginnt in östlicher Richtung. Auf diese Art endet man im Südwesten. Man korrigiert seine Haltung Richtung Süden und fängt von dort aus Iwanami an.

Bei der sechsten Form (Iwanami) liegt Shōmen im Osten. Man zieht (das Schwert) aus südlicher Richtung und endet in östlicher Richtung.

Bei der siebten Form (Urokugaeshi) liegt Shōmen im Norden, man beginnt von Osten aus und endet in nördlicher Richtung.

八本目「浪返し」
は北から始まって、
南向きで終わる。

Bei der achten Form (Namikaeshi) beginnt man von Norden aus und endet in südlicher Richtung.

九本目「滝落と
し」は南から始ま
って、北向きの最
初の正面で終わる。

Bei der neunten Form (Takiotoshi) beginnt man von Süden aus und endet mit dem ursprünglichen Shōmen in nördlicher Richtung.

十本目「抜打ち」
は正面（北）を向
いて演武し、正面
（北）で終わる。

Die zehnten Form (Nukiuchi) führt man Richtung Shōmen (Norden) aus und beendet sie im Shōmen (Norden).

十本一本終わり

Ende von Juppon Ippon.

Musō Shinden Ryū Iaidō
夢想神伝流居合道
奥伝　坐業
Tiefste Stufe: Techniken im Sitzen

Ipponme Kasumi
一本目　霞　（かすみ）

（要義）正面に対座する敵二人を制し、その首に切りつけて第一の敵を倒し、直ちに右手の甲を下に返して、第二の敵の首を右側から水平に切る。更に上段から真っ向に切り下ろす。

Das Wesentliche

Zwei in Richtung Shōmen einem gegenüber sitzende Gegner aufhalten, indem man den ersten Gegner durch den Hals schneidet und niederstreckt, dann sofort den rechten Handrücken nach unten drehen und den Hals des zweiten Gegners von der rechten Seite her horizontal schneiden. Abermals direkt von oben abwärts führend schneiden (Jōdan kara makkō ni kiriorosu → *Glossar*).

（動作）

★左膝を軸にして右足を踏み込みな

Der Bewegungsablauf

★ Das linke Knie als Achse nehmen und während der rechte Fuß vor gesetzt

がら、第一の敵に切りつける。

★直ちに手を翻して、左膝を進めながら、第二の敵の首を右から左へ水平に切る。

★更に上段から右足を踏み込んで真っ向から切り下ろす。

★奥伝座業の切り下ろしでは左膝は動かさない。

wird, den ersten Gegner schneiden.

★ Sofort die Hand umdrehen und während man das linke Knie vorschiebt, den Hals des zweiten Gegners horizontal von rechts nach links schneiden.

★ Den rechten Fuß vorsetzen und abermals von oben abwärts führend schneiden.

★ In den Sitztechniken von Okuden bewegt sich das linke Knie bei abwärts führenden Schnitten (Kiriorosu → *Glossar*) nicht.

②
①
↓

↑
◎

Nihonme Sunegakoi
二本目　脛　囲　（すねがこい）

（要義）正面に対座する敵が、右足へ切り込んでくるのを受け払い、敵が退こうとするのに乗じて上段から切り下ろす。

Das Wesentliche

Der in Shōmen gegenüber sitzende Gegner greift mit einem Schnitt zum rechten Bein an, der Angriff wird abgewehrt und wenn der Gegner zurückweicht, nutzt man dies aus und schneidet von oben abwärts führend (Jōdan kara kiriorosu → *Glossar*).

（動作）

Der Bewegungsablauf

★中伝の虎の一足と同じ意義の技であるが、敵の刀に応ずる動作がもっと速くなる、といった心構えで行うこと。

★ Diese Technik hat die gleiche Bedeutung wie in der Chūden Kata Toranoissoku, aber die Reaktion (Response) auf das Schwert des Gegners muss mit Geistesgegenwart noch schneller ausgeführt werden als in Toraissoku.

★敵の刀を受け払うのは、叩き落とすつもりのこと。叩き落とした時の刀は、刃が上を向く。従って最初柄にかける右手は上から被せるように

★ Die Abwehr des gegnerischen Katana mit der Absicht ausführen, das Katana herunter zuschlagen.

Die Schneide (Ha → *Glossar*) des Katana wird nach oben gewendet, wenn das (angreifende) Katana herunter geschlagen wird. Daher greift die rechte

52

してかける。

Hand den Griff so, dass die Hand (-fläche) den Griff von oben bedeckt.

Sanbonme Shihōgiri
三本目　四　方　切　（しほうぎり）

（要義）斜め前後左石に四人の敵がいて、その四人に対する刀法である。

Das Wesentliche

Dies ist eine Methode gegen vier Gegner aus den vier Richtungen diagonal vorne, hinten, links, rechts.

（動作)

Der Bewegungsablauf

★右足を右前方に踏み込みながら刀を刃を水平にして抜くや、左斜め後ろの敵①の左胸部突き刺し、（突き刺した時手の内を絞り込んで刃はやや斜め上を向く）

★ Während man den rechten Fuß nach vorne rechts setzt, das Katana so ziehen, das die Schneide horizontal ist, sodann den ersten Gegner ① links hinten in die linke Brust stechen. (Beim Stechen zeigt die Schneide durch die Drehbewegung der Hände beim Te no uchi → *Glossar* ein wenig diagonal nach oben).

★刀を受け流しに
振りかぶって、左
膝を軸に右に回っ
て右斜め後ろの敵
②を真っ向から切
り、

★直ちに左回りし
て左斜め前の敵③
を真っ向から切り、

★更に右に回って
右斜め前の敵④を
真っ向から切り下
ろす。

★ Das linke Knie als Achse nehmen, in der Ukenagashi-Art → *Glossar* ausholen, nach rechts drehen und den zweiten Gegner ② diagonal rechts hinten von oben abwärts führend schneiden.

★ Sofort nach links drehen und den dritten Gegner ③ diagonal links direkt frontal schneiden (Makkō kara kiri → *Glossar*).

★ Abermals nach rechts drehen und den vierten Gegner ④ diagonal rechts vorne von oben abwärts führend schneiden (Makkō kara kiriorosu → *Glossar*).

③　　　④
◎
①　　　②

Yonhonme Tozume
四本目　戸　詰　（とづめ）

（要義）敷居の向
こうに二人の敵が
いて、まず右側の
敵を抜き打ちにし、
更に左側の敵を真

Das Wesentliche

Es sind zwei Gegner auf der anderen Seite einer (Shōji-) Türschwelle positioniert. Zuerst zum rechten Gegner

っ向から切り下ろ
す。

（動作）

★右足を右斜め前
に踏み込んで右側
の敵に頭上から顎
の辺まで抜き打ち
をする。

★刀を受け流しに
振りかぶりながら、
左の敵に向き直り
つつ右膝をつき、
左足を踏み込んで、
左側の敵を真っ向
から切る。

★此の時の足捌き
と体の旋回は素早
く行い、体は腰高
に立ち上がらない
こと。

ziehend schneiden (Nukiuchi →
Glossar) und abermals den Gegner von
der linken Seite direkt abwärts führend
schneiden (Makkō kara kiriorosu →
Glossar).

Der Bewegungsablauf

★ Den rechten Fuß nach diagonal
rechts vorne vorsetzen, den rechten
Gegner von oberhalb des Kopfes bis in
die Gegend vom Kinn ziehend
schneiden.

★ Während man in der Ukenagashi-Art
→ *Glossar* ausholt, erfolgt zum linken
Gegner die Richtungsänderung indem
das rechte Knie aufgesetzt und der linke
Fuß vorgesetzt und den linksseitigen
Gegner direkt abwärts führend
schneiden.

★ Zu dieser Zeit wird die
Fußbewegung und die Körperdrehung
sehr schnell ausgeführt. Den Körper
nicht aufrichten, die Hüfte bleibt tief.

② ①

◎

Gohonme Towaki
五本目　戸　脇　（とわき）

（要義）自分の前に戸（又は襖）があって、その右戸陰に敵が潜んでおり、敷居のこちら側では自分の左側（或いは左斜め後方）にもう一人の敵がいる。まず左の敵を突き刺し、更に右前方戸陰の敵を上段から切り下ろす。

（動作)

★右足を右の方に（或いは右斜め前に）踏み出し、刀を刃を外水平に抜き、左の敵の左肩下を突き刺し、（手の内を絞り刃はやや上に向く）

★更に右戸陰の敵を上段から切り下

Das Wesentliche

Hinter einer vor einem liegenden Tür oder Schiebetür versteckt sich rechts ein Gegner. Diesseitig der Türschwelle auf der linken Seite (oder auch diagonal hinten links) befindet sich ein weiterer Gegner. Zuerst zum linken Gegner stechen, dann abermals den Gegner von rechts vorne hinter der Tür von oben abwärts führend schneiden (Jōdan kara kiriorosu → *Glossar*).

Der Bewegungsablauf

★ Den rechten Fuß nach rechts (oder aber nach diagonal rechts vorne) aufsetzen, das Katana horizontal ziehen und die Schneide zeigt nach außen. Unterhalb der linken Schulter des linken Gegners stechen. Die Hand mit Te no uchi → *Glossar* eindrehen (wörtl. wringen), die Schneide zeigt dann ein wenig nach oben.

Abermals den hinter der Tür rechts befindlichen Gegner von oben abwärts

ろす。

führend schneiden (Jōdan kara kiriorosu → *Glossar*).

②

───────────────

①　　　◎

Ropponme Tanashita
六本目　棚　下　（たなした）

（要義）棚下や或いは神社の床下などのように、頭がつかるような天井の低い場所にいる場合、そこを這い出て正面の敵を切る。

（動作）

★頭と上体を出来るだけ低くして、目は前方に付けて右足を大きく前に出しながら抜刀する。

★左肩側から刀を背負うようにかぶり、上体を低く倒

Das Wesentliche

Man befindet sich an einem Ort mit niederer Decke wo man mit dem Kopf anstößt wie unter einem Hängeregal oder Tempelboden und kriecht heraus, um den Gegner von vorne zu schneiden.

Der Bewegungsablauf

★ Den Kopf und den Oberkörper so tief wie möglich halten, die Augen sind nach vorne gerichtet und während man den rechten Fuß weit nach vorne bringt, das Katana herausziehen. (Battō suru → *Glossar*)

★ Das Katana über die linke Schulterseite auf den Rücken nehmen

して、左足を右足踵に引き寄せて前進する。

★低いところから這出た瞬間、体を起こしなが右足を一歩踏み込んで正面の敵を切る。

★切り下ろしは自分の顔の前で小さい円を描くようにして、刀先は頭上高くしない。体を起こす反動で切り下ろす要領。

und den Oberkörper niedrig halten, den linken Fuß zur rechten Ferse ziehen und sich vorwärts bewegen.

★ In dem Augenblick in dem man unter dem niedrigen Ort heraus kriecht, während man den Körper aufrichtet, den rechten Fuß einen Schritt vorsetzen und den vorderen Gegner schneiden.

★ Das abwärts führende Schneiden beschreibt einen Halbkreis vor dem eigenen Gesicht, die Spitze wird oberhalb des Kopfes nicht zu hoch geführt. Der wichtigste Punkt ist, mit der sich aufrichtenden Körperreaktion abwärts führend zu schneiden.

Nanahonme Ryōzume

七本目　岡　詰　（りょうづめ）

（要義）両側に障害があって、刀を普通のように抜けない場合の刀法で、刀を前面に抜き取り、前の敵を突き刺し、更に真っ向から切り下ろす。

Das Wesentliche

Dies ist eine Schwertmethode für den Fall, das sich auf beiden Seiten Hindernisse befinden, wie man das Katana nach vorne herauszieht, zu sticht und abermals direkt nach vorne schneidet (Makkō kara kiriorosu → *Glossar*).

（動作)

Der Bewegungsablauf

★刀を前方に抜き、柄頭を臍下にもってきて、右足を踏み込むと同時に前方の敵を諸手で充分に敵の水月を突き刺す。

★ Das Katana nach vorne herausziehen und das Griffende (Tsukagashira) unter den Bauchnabel bringen und wenn der rechte Fuß einen Schritt vorgesetzt wird, gleichzeitig mit beiden Händen reichlich in den Solarplexus (Suigetsu) des sich vorne befindlichen Gegners stechen.

★刀を引き抜くと同時に振りかぶり、真っ向から切り下ろす。

★ Wenn das Katana aus dem Gegner herausgezogen wird, gleichzeitig ausholen und direkt von vorne schneiden (Makkō kara kiriorosu → *Glossar*).

★血振りは両側が

★ Aufgrund der Enge an beiden Seiten

狭いので小さくする。納刀も縦の納刀となる。	wird ein kleines Chiburi gemacht, auch das Nōtō wird senkrecht ausgeführt.

○
↓

↑
◎

Happonme Torabashiri
八本目　虎　走　（とらばしり）

（要義）敵が後方に逃げ去るのを、小走りに追いかけてこれを倒し、新たに他の敵が出て来て仕掛けてくるのを、後退しながら間合いを計って抜き付け、切り倒す。	**Das Wesentliche** Der Gegner flieht voran, ihn mit kurzen Schritten verfolgen und niederstrecken, danach kommt ein weiterer neuer Gegner um anzugreifen. Während des Rückzugs den Abstand (Maai) berechnen, ziehen (Nukitsuke → *Glossar*) und niederschneiden.
（動作）	**Der Bewegungsablauf**
★刀に両手をかけて腰を上げ、中腰前かがみの姿勢で、刀の刃を上にしたまま柄を右腰につ	★ Beide Hände an das Katana anlegen und die Hüfte anheben. In einer halb aufgestandenen geduckten Haltung den Griff an die rechte Hüftseite anlegen,

け、逃げる敵を小走りに追いかけ、切り間に入ったとき上体を起こし右足を踏み込んで敵の上膊に抜き付け（この時左膝は床に付けない）左膝を着いて上段から切り下ろす。

★血振り納刀をしつつ右足を左足に引き寄せ半蹲踞となる。

★他の敵が正面から攻撃してくるので、柄を右腰に着けて小走りに後退しながら切り間に入った時、左足を引きながら敵の上膊に抜き付け、

die Schneide zeigt dabei weiterhin nach oben und so den fliehenden Gegner mit kurzen, flinken Schritten verfolgen. Wenn man einen günstigen Raum zum Schneiden erreicht, den Oberkörper aufrichten, das Katana durch den Oberarm des Gegners ziehen und scheiden (Nukitsuke → *Glossar*) (In diesem Moment berührt das linke Knie nicht den Boden). Anschließend erreicht das linke Knie den Boden, sogleich von oben abwärts führend schneiden (Jōdan kara kiriorosu → *Glossar*).

★ Nach Chiburi und während Nōtō den rechten Fuß an den linken Fuß heranziehen und es entsteht eine halbe Sonkyo-Stellung.

★ Weil aus Richtung Shōmen ein weiterer Angriff durch einen neuen Gegner kommt, den Griff an die rechte Hüftseite anlegen, mit kurzen, flinken Schritten zurück laufen und wenn man einen günstigen Raum zum Schneiden erreicht den linken Fuß nach hinten ziehen und gleichzeitig das Katana durch den Oberarm des Gegners ziehen und scheiden (Nukitsuke → *Glossar*) .

★更に左膝をつい
て真っ向上段から
切り下ろす。

★ Abermals das linke Knie auf den
Boden setzen und von oben abwärts
führend schneiden (Makkō jodan kara
kiriorosu → *Glossar*).

奥伝・座技　終わ
り

Ende Okuden Suwari waza

Musō Shinden Ryū Iaidō

夢想神伝流居合道

Tiefste Stufe: Techniken im Stehen

奥伝　立業

Ipponme Yukitsure

一本目　行　連　（ゆきつれ）

（要義）左右から
敵に挟まれて不法
に連行されるよう
な場合、左石の敵
を一歩やり過ごし、
右の敵に抜き打ち
に切りつけ、更に
左の敵が振り向こ
うとするのを切り
下ろす。

Das Wesentliche

Dies ist eine Situation in der man sich
zwischen zwei Gegnern links und
rechts befindet und man selbst zu
Unrecht abgeführt wird. Den linken und
rechten Gegner einen (weiteren) Schritt
vorwärts gehen lassen, den rechten
Gegner durchziehend schneiden
(Nukiuchi ni kiritsuke → *Glossar*).
Abermals, wenn der linke Gegner sich

63

herumdrehen will, abwärts führend schneiden (kiriorosu → *Glossar*).

（動作）

Der Bewegungsablauf

★歩きながら左右の敵を一歩やり過ごし、右足を踏み込んで右片手で抜き打ちに右の敵の左肩口に切りつける。

★ Während man zusammen geht, den linken und rechten Gegner einen Schritt vorbeigehen lassen. Den rechten Fuß vorsetzen und einhändig rechts den linken Schulteransatz des rechten Gegners ziehend durchschneiden (Nukiuchi → *Glossar*).

★自分より一歩ぐらい先に出ている左の敵が驚いて振り向いたところを、

★ Wenn der linke Gegner, der ungefähr einen Schritt vorne ist, überrascht ist und sich umdreht,

★右側より刀を受け流しに振りかぶり、左足を踏み込んで真っ向から切り下ろす。

★ von der rechten Seite her mit dem Katana in der Ukenagashi-Art → *Glossar* ausholen, den linken Fuß vorsetzen und direkt abwärts führend schneiden (Makkō kara kiriorosu → *Glossar*).

★或いは正面から来る二人の敵を想定してもよい。

★ Man kann auch annehmen, dass zwei Gegner aus Richtung Shōmen kommen.

Nihonme Tsuredachi
二本目　連　達　（つれだち）

（要義）行連と同じように左右の敵に挟まれて歩いて行く途中、一歩やり過ごしながら右足を右後方に開くと同時に、刀を右横一文字に抜き左の敵を突き刺し、更に右方の敵を切り倒す。

Das Wesentliche

Wie in der ersten Form Yukitsure wird man von zwei Gegnern, die sich links und rechts befinden, zu Unrecht abgeführt. Während man die Gegner einen Schritt weiter vorwärts gehen lässt, den rechten Fuß nach rechts hinten setzen (wörtlich öffnen), gleichzeitig das Katana in gerader Linie seitlich rechts herausziehen wie das japanische Kanji für „1" und den linken Gegner stechen. Abermals den rechten Gegner niederschneiden.

（動作）

★歩きながら右足を右後方に開くと同時に、刀を右横一文字に抜き（刃は平らに外を向く）、

Der Bewegungsablauf

★ Während man zusammen geht, den rechten Fuß nach rechts hinten setzen (wörtl. öffnen hiraku) und gleichzeitig das katana in gerader Linie zur rechten Seite herausziehen wie das japanische Kanji für „1". (Die Klinge ist waagerecht und die Schneide zeigt zur Außenseite.)

★刀先が鯉口を放れるや（抜いた刀を腰に取るのではない）、自分よりやや前方に出ている左の敵の右脇腹を突き刺し、（この時手の内を絞り刃はやや上を向く）、

★更に右の敵に向かい右足を踏み込んで真っ向から切り下ろす。

★ In dem Moment, wenn die Schwertspitze das Koiguchi → *Glossar* verlässt (Das Katana nicht an die Hüfte anlegen), den von mir ausgesehenen etwas vorne befindlichen Gegner in die rechte Bauchseite stechen. (In diesem Moment mittels Te no uchi → *Glossar* (die Hand) eindrehen, so dass die Schneide ein wenig nach oben zeigt.)

★ Sich abermals dem rechten Gegner zuwenden, den rechten Fuß einen Schritt vorsetzen und direkt abwärts führend schneiden (Makkō kara kiriorosu → *Glossar*).

Sanbonme Sōmakuri
三本目　惣　撚　（そうまくり）

（要義）五人の敵が前面に居ると想定して、敵が正面から切り込んで来るのを刀を上方に抜き、右足を一歩後方に引きながら敵の刀を受け流し、敵が退くところを追撃して倒す。

Das Wesentliche

Es wird angenommen, das sich fünf Gegner an der Vorderseite (Front) befinden.

Der erste Gegner kommt aus Richtung Shōmen und während man den rechten Fuß einen Schritt nach hinten zieht, das gegnerische Katana in der Ukenagashi-

Art → *Glossar* abgleiten lassen. Beim Rückzug des Gegners diesen verfolgen und niederstrecken.

（動作）

Der Bewegungsablauf

★前方に歩きなが
ら左足を出すと同
時に刀に両手をか
け、右足を一歩踏
み出しながら刃を
上にして抜きだし、
敵が正面から切り
込んでくるのを、
右足を一歩後ろに
引きながら敵の刀
を左に受け流し、
返す刀で右足を踏
み込んでその敵の
左横面を切り、

★ Während man nach vorne geht und den linken Fuß vorsetzt, gleichzeitig beide Hände an das Katana anlegen. Während man den rechten Fuß einen Schritt vorsetzt, das Katana mit nach oben zeigender Schneide heraus ziehen. Wenn der Gegner aus Richtung Shōmen angreift, das gegnerische Katana links in Ukenagashi-Art → *Glossar* abgleiten lassen, während der rechte Fuß einen Schritt zurückgezogen wird, und mit dem Vorsetzen des rechten Fußes mit gedrehtem Katana den Kopf dieses Gegners links seitlich (aus eigener Sicht rechts) schneiden.

★刀を返して左足
を踏み出して第二
の敵を右肩より袈
裟に切り、

★ Das Katana zurücknehmen, den linken Fuß einen Schritt vorsetzen und durch die rechte Schulter (aus eigener Sicht ist es die linke Schulter) des zweiten Gegners einen Kesa-Schnitt machen.

★再び刀を返して、右足を踏み出して第三の敵の左胴を切り、

★更に刀を水平に返し左足を一歩踏み出して第四の敵の右腰を横一文字に切り払い、

★続いて刀を上段にとって第五の敵を真っ向から切り下ろす。

※前面の多数の敵を追撃する刀法と考える。

※切る箇所が少しずつ下に下がるのに応じて、体を少しずつ落として切る。

★ Das Katana wieder zurücknehmen, den rechten Fuß einen Schritt vorsetzen und beim dritten Gegner in die linke Bauchseite (aus eigener Sicht die rechte) (Dō) schneiden.

★ Weiterhin das Katana waagerecht drehen wie das japanische Kanji für „1", den linken Fuß einen Schritt vorsetzen und die rechte Hüftseite des vierten Gegners von der Seite her in gerader Linie durchziehend schneiden.

★ Weiterhin das Katana über den Kopf nehmen und den fünften Gegner direkt abwärts führend schneiden.

※ Dies kann man als eine Schwertmethode betrachten, bei der man mehrere von vorne kommende Gegnern einen nach dem anderen angreift.

※ Die zu schneidenden Stellen werden nach und nach niedriger, daher zugleich den Körper nach und nach absenken.

Yonhonme Sōdome
四本目　総　留　（そうどめ）

（要義）狭い板橋、細道、階段など両側に体を自由にかわせないような障害のある場所を進行中、前面に居る数人の敵を倒す。

Das Wesentliche

Wenn man den Körper an einem beengten Platz nicht frei bewegen kann, an einem Platz mit Hindernissen, wie auf einer engen Holzbrücke, einem schmalen Weg oder Treppe mittig weiterlaufen und mehrere vorne befindliche Gegner niederstrecken (Teki wo taosu → *Glossar*).

（動作）

Der Bewegungsablauf

★ここでは階段を下から上がって来る敵に対する技を想定する。

★ Man stelle sich hier eine Technik vor, mit der Gegner besiegt werden, wenn man die Treppe hinunter steigt und die Gegner diese hinaufsteigen.

★第一の敵に対し右足を踏み込み（足先はやや左向き）腰を充分左に捻って半身になり、右片手抜き打ちに、下から上って来る敵の右肩に切りつけ、

★ Gegenüber dem ersten Gegner den rechten Fuß vorsetzen (Die Fußspitze zeigt etwas nach links.) Die Hüfte reichlich nach links drehen, dadurch ergibt sich eine halbseitige Körperstellung. Wenn die Gegner von unten die Treppe hinaufsteigen, einhändig rechts ziehen und durch die rechte Schulter schneiden (aus eigener

Sicht die linke Schulter).

★次に腰を落とし
て納刀しながら、
左足を右足の前に
踏み出して納刀、

★ Als nächstes, während man die Hüfte absenkt und Nōtō ausführt, den linken Fuß einen Schritt vor den rechten Fuß setzen und dann Nōtō.

★続いて第一の敵
に対したように、
右足を踏み込んで
片手抜き打ちに第
二の敵に切りつけ
る。

★ Weiterhin, so wie man den ersten Gegner behandelte, den rechten Fuß einen Schritt vorsetzen, einhändig ziehen und den zweiten Gegner (durch die Schulter) schneiden.

★これを数回繰り
返す。

★ Dies mehrmals wiederholen.

★最後に体を正面
に向き直り血振り
納刀する。

★ Am Ende den Körper in Richtung Shōmen ausrichten, Chiburi und Nōtō ausführen.

Gohonme Shinobu
五本目　信　夫　（しのぶ）

（要義）暗夜前方
にかすかに敵を認
め、体を左にかわ
し、敵が進んで来
る真っ正面の地面
を刀先で叩いて敵
をそちらへ引き寄

Das Wesentliche

Wenn man in finsterer Nacht den Gegner undeutlich bemerkt, den Körper nach links versetzen und wenn der Gegner weiterhin von vorne herankommt, mit der Schwertspitze

せ、敵がそこへ切り込んで来るのを上段かから切り下ろす。

（動作)

★歩きながら刀に両手をかけると同時に体を沈め、前方の敵を透かし見る気持ちで左足を左斜め前に踏み出し、更に右足を左足の前方に運ぶと同時に刀を抜き放ちながら、左足を大きく左後方に引き、

★右腕を伸ばして、刀先で最初前進して来た直線上の地面を軽く二度くらい叩き、敵がそこへ切り込んで来るのを空を切らせ、

(Kensaki) genau vorne auf den Erdboden klopfen und so den Gegner dorthin anlocken. Wenn der Gegner dorthin angreift ihn von oben abwärts führend schneiden (Jōdan kara kiriorosu → *Glossar*).

Der Bewegungsablauf

★ Während man geht, beide Hände an das Katana anlegen und gleichzeitig den Körper senken, mit dem Gefühl durch den vorne befindlichen Gegner durchzusehen, den linken Fuß nach diagonal vorne links setzen, noch mal den rechten Fuß nach vorne vor den linken Fuß bringen und gleichzeitig, während das Katana vollständig gezogen wird, den linken Fuß weit nach hinten ziehen (Jōdan kara kiriorosu → *Glossar*).

★ Den rechten Arm strecken und mit der Schwertspitze ungefähr zweimal leicht auf den Erdboden, auf die gerade (Angriffs-) Linie des kommenden klopfen. Den Gegner dorthin stark angreifend die Luft schneiden lassen.

★左足を斜め前に
踏み込んで上段か
ら切り下ろす。

　※此の技は暗い
ところで、かすか
に気配をうかがう
気持ちで行うこと
を要する。

★ Den linken Fuß diagonal einen
Schritt nach vorne setzen und von oben
schneiden.

※ Diese Technik wird an einem
dunklen Ort ausgeführt. Es ist
notwendig minimale Zeichen zu spüren
und abzuwarten, wie der Gegner
reagiert.

Ropponme Yukichigai
六本面　行　違　（ゆきちがい）

（要義）敵が前後
から進んで来ると
き、まず前の敵の
顔面に柄当てをし、
すかさず後方の敵
を倒し、続いて向
き直って、正面の
敵を倒す。（或い
は前方から前後し
て来る二人の敵の
間に入って、すれ
違いざまやや遅れ
て歩いて来る敵の
顔面に柄当てをす
ると想定してもよ
い。）

Das Wesentliche

Wenn Gegner von vorne und hinten
herankommen, zuerst mit dem Griff
den von vorne kommenden Gegner ins
Gesicht treffen und sofort den hinteren
Gegner niederstrecken. Dann sich
anschließend umwenden und den
vorderen Gegner niederstrecken.

Man kann auch annehmen, dass man
sich zwischen zwei Gegner, die beide
von vorne hintereinander kommen,
stellt, und dabei, nachdem man am
ersten Gegner vorbei ist den zweiten
Gegner mit dem Griff ins Gesicht trifft.

（動作）

★歩きながら前から来る敵の人中（鼻の下のみぞ）に柄当てをする。

★直ちに左手で鞘を後ろに引きながら抜刀し、両足の位置はそのままにして左回りに後ろの敵に向き直って敵の胸部を突き刺し、

★足踏みはそのままで、正面の敵に向き直って上段から切り下ろす。

　※（もう一つのやり方）

★柄当てをしてから、左回りに後ろの敵に向き直りながら抜刀して、右足を踏み込んで上段から真っ向に切り下ろし、

Der Bewegungsablauf

★ Während man geht, mit dem Griff die Rille direkt unter den Nasenlöchern des von vorne kommenden Gegners treffen.

★ Sogleich mit der linken Hand das Saya → *Glossar* nach hinten ziehen, beide Füße auf der Stelle lassen, das Katana ziehen, sich nach links eindrehend zum hinteren Gegner wenden und in die Brust stechen.

★ Die Fußstellung so lassen, sich dem vorderen Gegner zuwenden und von oben abwärts führend schneiden (Jōdan kara kiriorosu → *Glossar*).

※ Eine andere Art der Ausführung

★ Nachdem man mit dem Griff den Gegner trifft, nach links drehen und wärend man sich zum hinteren Gegner umdreht gleichzeitig das Schwert ziehen (Battō → *Glossar*). Den rechten Fuß nach vorne setzen und von oben abwärts führend schneiden (Jōdan kara kiriorosu → *Glossar*).

★更に左回りに正
面の敵に向き直っ
て、右足を踏み込
んで切り下ろす。

★ Dann abermals sich nach links zum
Gegner Richtung Shōmen drehen, den
rechten Fuß nach vorne setzen und nach
unten schneiden (Kiriorosu →
Glossar).

Nanahonme Sodesurigaeshi
七本目　袖摺返　（そですりかえし）

（要義）群衆の中
で、その先方に居
る敵を、人垣をか
き分けながら追い
かけて切る。

Das Wesentliche

Der Gegner befindet sich innerhalb
einer Menschenmenge weiter vorne,
sich durch diese wie ein Spalier den
Weg bahnen indem man sie beiseite
schiebt, dem Gegner nachlaufen und
schneiden.

（動作）

Der Bewegungsablauf

★歩きながら左足
を踏み出すと同時
に刀に手をかけ、
右足を出したとき
に抜刀し右足を左
足に引き寄せると
同時に、右拳を左
肘の上に刀の刃を
上にして後ろを突
き刺すようにして

★ Während man geht, den linken Fuß
einen Schritt vorsetzen und gleichzeitig
die Hände an das Katana anlegen.
Wenn der rechte Fuß vorgesetzt wird,
das Katana ziehen und den rechten Fuß
zum linken Fuß hinziehen. Gleichzeitig
die rechte Faust über den linken
Ellbogen mit nach oben zeigender
Schneide bringen und so halten als

持ち、左拳は右脇
の下に来るように、
左右の腕の前で交
差して取る。

wenn man nach hinten einen Stich
ausführt. Die linke Faust wird unterhalb
auf die rechte Seite gebracht, daher
kreuzen sich der linke und rechte Arm
vor der Brust.

★交差した両の肘
で人坦をかき分け
て前に進み、間合
いに入ったところ
で敵を切り倒す。

★ Mit den Ellbogen der gekreuzten
Arme sich ein Spalier durch
auseinander schieben bahnen und den
Gegner in einem passenden zeitlichen
und räumlichen Moment (Maai)
niederschneiden.

Happonme Moniri
八本目　門入　（もんいり）

（要義）門の内外
に敵が居て、門内
に入ろうとすると
き敵の襲撃を受け、
門に踏み込んだと
ころで前後の敵を
倒す。

Das Wesentliche

Innerhalb und außerhalb eines Tores
befinden sich Gegner. Den Angriff des
durch das Tor kommenden Gegners
abfangen und sobald man in das Tor
eintritt, die Gegner von vorne und
hinten besiegen.

（動作）

Der Bewegungsablauf

★前進しながら左
足を踏み出した時
に刀に両手をかけ、

★ Während man vorwärts geht und
wenn der linke Fuß einen Schritt

右足を後方に引いて体を右向きになりながら刀を横一文字に抜き、右足を一歩門内に踏み込んで前の敵の胸（水月）突き刺し、

★左回りに後ろの敵に向き直り右足を踏み込んで上段から切り下ろし、

★再び左回りに向き直って門内のもう一人の敵を切る。この時右足は踏み込まないで、左足をやや左に踏み込んで切る。

★此の最後の切り下ろしは、刀が門の梁に支えないようにやや腰を落として切る気持ちのこと。

vorgesetzt wird, beide Hände an das Katana anlegen, den rechten Fuß nach hinten ziehen und während der Körper nach rechts gedreht wird, das Katana in einer geraden Linie ziehen wie das japanische Kanji für „1", mit dem rechten Fuß einen Schritt in das Tor setzen und den vorderen Gegner in den Solarplexus (Suigetsu) stechen.

★ Sich nach links zum hinteren Gegner umdrehen , mit dem rechten Fuß einen Schritt vorgehen und von oben abwärts führend schneiden (Jōdan kara kiriorosu → *Glossar*).

★ Sich abermals nach links umdrehen und einen weiteren im Tor befindlichen Gegner schneiden. In diesem Moment den rechten Fuß nicht vorsetzen sondern den linken Fuß noch etwas weiter vorsetzen und schneiden.

★ Um mit dem Katana beim abwärts führenden Schnitt nicht den Torbalken zu treffen, die Hüfte weiter absenken und mit solchem Gefühl schneiden.

Kyūhonme Kabezoi
九本目　壁　添　（かべぞい）

（要義）左右に壁などの障害物があって、刀を自由に使えないような場所で前面に敵を受け、刀を上方に抜いて切り下ろす。

Das Wesentliche

Links und rechts befinden sich Hindernisse wie Wände und an solch einem Platz kann man das Katana nicht frei benutzen und den von vorne kommenden Gegner aufhalten indem das Katana hochgezogen und abwärts führend geschnitten wird.

（動作)

Der Bewegungsablauf

★歩きながら左足を出したときに刀に両手をかけ、右足を踏み出すと同時に爪先立ちになって刀を上方に抜いて振りかぶる。

★ Während man geht und wenn der linke Fuß vorgesetzt wird, beide Hände an das Katana anlegen, den rechten Fuß einen Schritt vorsetzen und gleichzeitig sich auf beide Zehenspitzen stellen, das Katana nach oben ziehen und ausholen.

★此の場合刀が背中に着くぐらいに深々と振りかぶる。

★ Dabei mit dem Katana so weit ausholen, dass das Katana fast den Rücken berührt.

★深々と振りかぶった刀を、大きく円を描くようにして切り下ろす。こ

★ Mit dem sehr weit ausgeholtem Katana, sich vorstellen beim abwärts führenden Schneiden einen großen

の時両足は踵を合
わせて爪先立った
ままである。

★刀先を体に近く
下げたまま血振り
をし、刀は上から
下へと納める。納
め終わると同時に
両踵を下ろす。

Kreis zu zeichnen. In diesem Moment
sind die Fersen zusammen gestellt und
die Zehenspitzen aufgestellt.

★ Chiburi mit der nach unten
hängenden Schwertspitze nahe am
Körper ausführen, dann das Katana von
oben nach unten in die Saya → *Glossar*
führen. Wenn das Einführen des Katana
beendet wird, gleichzeitig beide Fersen
absetzen.

Jupponme Ukenagashi
十本目受　流　（うけながし）

（要義）前進中、
敵が正面から切り
込んで来るのを受
け流して、敵の左
肩口に切りつける。

Das Wesentliche

Während man vorwärts geht, greift der
Gegner von vorne an. Diesen Schnitt
abgleiten lassen (Ukenagashi →
Glossar) und durch den linken
Schulteransatz vom Gegner schneiden
(aus eigener Sicht die rechte Schulter).

（動作）

★敵が正面から切
り込んで来るのを、
左足を右足の右前
に踏み出して敵の

Der Bewegungsablauf

★ Wenn der Gegner von Shomen
angreift, mit dem linken Fuß einen
Schritt vor den rechten Fuß machen und

刀を受け流し、

das Katana des Gegners abgleiten lassen (Ukenagashi → *Glossar)*.

★右足を左足に揃えるように踏み込むと同時に、左手を柄に添えて敵の左肩口に切りつける。

★ Mit einem Schritt den rechten Fuß zum linken Fuß stellen und gleichzeitig die linke Hand an den Griff legen und den linken Schulteransatz vom Gegner durchschneiden.

★左足を引いて横血振り、納刀する。

★ Den linken Fuß zurückziehen und Yokochiburi→ *Glossar*, dann Nōtō ausführen.

Jūipponme Itomagoi
十一本目　暇　乞　（いとまごい）

（要義）暇乞いは三通りあって、すべて正座から始まる。

Das Wesentliche

Es gibt drei Varianten von Itomagoi und alle beginnt man in der Seiza.

（動作）

Der Bewegungsablauf

★一本目は、正座から礼をし、両手を床に着く直前に刀に手をかけて抜き打ちに切る。

★ In der ersten Art wird in Seiza Rei ausgeführt und kurz bevor beide Hände den Boden erreichen die Hände ans Katana anlegen, ziehen und schneiden.

★二本目は、正座から礼をして左手

★ In der zweiten Art wird in Seiza Rei ausgeführt und die linke Hand erreicht

を床につき、右手が床に着くか着かないところで刀に手をかけて抜き打ちに切る。

★三本目は、正座から礼をして両手を床につき、深々と頭を下げてそこから抜き打ちに切る。

※奥居合は、右の敵を切り、それから左の敵を切るというのではなく、左右の敵を切る言った気持ちで行うことを要する。

※奥居合の納刀は、刀の物打ち付近の棟を鯉口に合わせて、そこから鍔元近くまで一気に納める。

奥伝・立ち技　終わり

den Boden, die rechte Hand erreicht fasst den Boden, erreicht ihn nicht sondern wird an das Katana angelegt, sodann ziehen und schneiden.

★ In der dritten Art wird in Seiza Rei ausgeführt und beide Hände erreichen den Boden, den Kopf sehr tief neigen und von dort ziehen und schneiden.

※ Im Oku Iai wird nicht gesagt, den rechten Gegner schneiden und dann den linken Gegner schneiden, sondern es heißt, mit dem Gefühl der Gleichzeitigkeit beide Gegner schneiden.

Das Nōtō im Oku Iai ist so auszuführen, das die Mune → *Glossar* im Bereich des Monouchi → *Glossar* am Koiguchi → *Glossar* angelegt wird und (die Klinge) dann in einer Bewegung bis nahe des Tsubamoto eingeführt wird.

Ende der Okuden-Kata

稽古とは

一より聞いて十を知り

十より帰る元のその一

千利休

Beim Üben

gehe vom Ersten zum Zehnten

und vom Zehnten wieder zurück zum ursprünglichen Ersten.

Sen no Rikyū

Glossar

Battō	Schwert ziehen
Chinagashi	eine Form des Chiburi, bei der das Schwert nur abwärts gerichtet gehalten wird, um das Blut ablaufen zu lassen oder abzuwischen, z.B. in der Kata Ryūtō
Furikaburi	das Schwert (über den Kopf) hochnehmen, ausholen
Ha	scharfer Teil der Schwertklinge, Schneide
Jo ha kyū	wörtlich Anfang - Zerbrechen - Schnelligkeit: Siehe Erklärungen zur Shohattō Kata des Ōmori Ryū
Jōdan kara kiriorosu	von über dem Kopf aus abwärts führend schneiden (ohne Kamae!)
Jōdan kara makkō ni kiriorosu / Jōdan makkō kara ni kiriorosu	von über dem Kopf aus direkt frontal abwärts führend schneiden
Katana wo ukenagashi ni furikabute	mit dem Katana in Ukenagashi-Art ausholen, z.B . in der Shihogiri Kata: Während die Klinge durch die Körperdrehung herausgezogen wird, den Griff über den Kopf führen, wobei die Schneide nach oben zeigt und bezogen auf das Griffende die

	Schwertspitze deutlich tiefer ist
Kiriorosu	abwärts führend schneiden
Kissaki	Schwertspitze
Koiguchi	Öffnung der Schwertscheide, wörtl. Karpfenmaul
Koiguchi wo kiru	das Schwert und die Saya ergreifen, die Klinge mit dem linken Daumen* durch Vorschieben der Tsuba lockern (* eine mögliche Methode).
Kojiri	Endbereich der Schwertscheide, Gegenteil von Koiguchi
Makkō kara kiri	direkt frontal schneiden
Makkō kara kiriorosu	direkt frontal abwärts führend schneiden
Monouchi	vorderes Viertel der Schwertklinge
Mune	Schwertrücken
Nukitsuke	ziehen des Schwertes und schneiden in einer Bewegung
Nukiuchi	ziehend schneiden
Nukiuchi ni kiritsuke	durchziehend schneiden (z.B. in der Kata Yukizure)
Yokochiburi	„Blut abschütteln" zur Seite / seitliches „Blut abschütteln"
Saya	Schwertscheide
Seme, Semeru	den Gegner bedrängen, attackieren
Sayabanare	von der Schwertscheide getrennt

	(der Augenblick, wenn die Schwertspitze die Öffnung der Schwertscheide verlässt)
Sayabiki	das Zurückziehen der Saya im Obi
Shinogi	seitlicher Schwertgrat, höchste Linie an der Klingenseite
Teki wo taosu	den Gegner niederstrecken
Te no uchi	die richtige Handhaltung und Handhabung der Hände am Griff beim Schneiden, beim Stich und anderen Aktionen (wörtlich: innen, innerhalb der Hand / Hände)
Taisabaki	eine Körperdrehung, bei der man als Reaktion auf einen Angriff näher an den Angreifer herantritt und dann den eigenen Körper aus der Bewegungsrichtung und damit der Angriffslinie des Gegners dreht
Ukenagashi	siehe Katana wo ukenagashi ni furikabute
Zanshin	nach einer zielgerichteten Aktion wie z.B. einem Schnitt (siehe in der Kata Shohattō) wird der Geist in eine nach allen Richtungen aufmerksame, wahrnehmende Form gebracht. Die hohe Aufmerksamkeit bekommt durch eine Positur wie Jōdan no kamae eine stärkere Wirkung, auch um für einen neuen

Gegner bereit zu sein. (wörtlich:
übrig bleibender Geist / Herz)